社会公正
何以可能

吴忠民 著

人民出版社

目　录

前　言

　　随着现代化和市场经济进程的推进，人们对社会公正的需求量和需求程度必然会日益增强，而且，人们对社会公正的需求在各种需求当中的"权重"也必然会加重。这是一个已经被各个国家和地区现代化和市场经济进程所印证的普遍规律。

　　改革开放以来，中国的现代化建设取得了举世公认的巨大成就。同时也必须看到，社会建设同经济建设相比明显滞后。这突出地表现在中国在社会公正方面出现了明显的问题。

　　笔者近年来对工农商学等不同群体成员进行了一些个人访谈，直接的感受是：几乎所有社会群体的成员都对社会不公现象有着深切的担忧，尽管角度不同。一些农民觉得不用交农业税了，这是自古以来未曾有过的大好事情，还能享受到"新农合"，但是对于持续增加收入心里没底，对农村基层选举当中的一些不公现象表现出无奈。一些退休多年的老工人，虽然觉得自己的退休金每年都在增加，相对比较满意，但一些在岗的工人（包括一些农民工）觉得自己劳动量过大，收入偏低，不公平。一些小业主，觉得交税太多，"压得喘不过气"。一些规模较大的私营企业主，觉得自己交的税和费太多，与国有企业的竞争十分不公平。一些国有企业负责人往往也是叫苦连天，说自己的个人收入同个人的贡献相比是太少了，国有企业还要花钱办社会，没法"轻装上阵"，与私营企业进行公平竞争。一些公务员特别是年轻公务员觉得自己收入偏低，与自己的工作投入不成比例，而且自己的提职空间太小。一些大学教师觉得收入相对较低，每年考核标准却过高过严，关键是标准本身还不合理；还有不少中小学教师更是觉得自己工作量过大，收入偏低，缺少尊严感。一些大学毕业生觉得求职过程不公平，一些事业单位和国有企业在录用新员工时，"黑箱操作"痕迹过重。另外，受访谈群体的成员都一致认为，中国社会的贫富差距过大，腐败现象醒目，等等。

我们不能低估社会不公现象的负面效应。无疑，社会不公现象不仅会加大不同群体之间的隔离感、不信任感、排斥性，会加重社会的矛盾冲突，而且还会抑制社会的消费内需，进而抑制经济发展。社会不公现象如果久拖不决，对于整个社会的安全运行和健康发展势必会产生十分不利的影响。"在我国现有发展水平上，社会上还存在大量有违公平正义的现象。""这个问题不抓紧解决，不仅会影响人民群众对改革开放的信心，而且会影响社会和谐稳定。"①

意欲解决好社会公正问题，就必须做好三件事情。第一件事情是，对于什么是社会公正，要有一个科学合理的界定。正所谓"差之毫厘，谬以千里"，对社会公正理念的理解一旦走偏，就有可能用一种片面的公正来矫正眼下的不公，其结果只能是错上加错。第二件事情是，找准社会不公症结之所在。虽然贫富差距过大问题极为重要，但千万不能将社会不公仅仅理解为贫富差距过大的问题。应看到，贫富差距过大只是社会不公的表层现象，社会不公的深层问题是一个事关社会结构、制度安排以及基本理念的大事情。第三件事情是，找到促进和维护社会公正的恰当有效的路径。我们不能指望通过"一揽子方案"全方位地实现社会公正，而是应当基于给定的经济基础和财政能力，有目标、分阶段地有效促进与维护社会公正。

---

① 习近平：《切实把思想统一到党的十八届三中全会精神上来》，《求是》2014年第1期。

一、失去社会公正意味着什么

在当下，人们越来越看重社会公正问题。而且，对社会公正问题的看重已经跨越了国家、族群和文化的界限，成为一种历史的趋势以及世界的潮流。

那么，社会公正到底有多重要？如果我们从正面来阐述社会公正有哪些重大意义的话，那么我们对社会公正的价值倒有可能缺少近距离的"真切""真实"感受。如果换个角度，如果从失去社会公正的角度看，我们对社会公正的重要性却容易形成一种"真切""真实"的理解。

一个社会如果缺乏社会公正，一个社会如果缺少了起码的天平，那么，由此所带来的，必然是全方位的、十分有害的社会负面影响。

首先，失去社会公正意味着基本制度的畸形安排。

社会公正是现代社会基本制度设计与安排的基本依据。一个社会的"正常运转"有赖于体系化的规则的存在。一个社会没有规则，就意味着社会秩序的脆弱，意味着社会民众的行为安全、心理安全缺乏基本的保障；没有规则，就意味着社会成员之间的互动缺乏必要的信任；没有规则，就意味着民众的"长期化行为"缺乏制度层面的支撑。而一个社会中最为重要的规则体系就是制度。就制度的设计与安排而言，需要有基本的价值理念作为其依据。在现代社会，制度设计和安排的基本价值理念依据就是社会公正。所以，现代社会中的制度设计与安排，必须以社会公正的基本理念为依据。诚如罗尔斯所说，"正义是社会制度的首要价值，正像真理是思想体系的首要价值一样"（[美] 约翰·罗尔斯：《正义论》，中国社会科学出版社 1988 年版，第 1 页）。显而易见的是，失去社会公正，一个社会便会成为畸形化的社会。

在现代社会和正在走向现代社会的国家，社会共同体中的每一个成员都具有同样的尊严、同样的基本权利。当一个社会的基本制度失去社会公正这一基本依据的时候，如果某个社会群体（一般来说是弱势群体）、某些人甚至某个人的尊严受到践踏，比如基本生活状态的极度贫困导致了人的基本尊严的丧失，人身依附关系造成了个体人独立性的匮乏等等，那么，需要我们注意的是：这不单单是某个社会群体、某些人、某个人的尊严受到了践踏的问题，而是我们整个人类的尊严受到了践踏。对于一些群体、一些人、一个人尊严的践踏，就必定意味着对于人类尊严的践踏，就意味着把人降到了"非人"的地步。重要的是，这种践踏是跟社会制度的重大缺陷直接相联。这说明：本来，我们每个人都有可能是受践踏者，只是出于某些偶然性的原因才避免了这种践踏。只要我们稍微理性一些的话，便不会把这种偶然的"幸运"看作是一件极为正常、十分必然的事情，而会引起一种普遍的警惕。可见，维护每个社会成员的尊严，是以社会公正为基本依据的现代社会基本制度的基本功能。

其次，失去社会公正意味着市场经济基本准则的破坏。

市场经济的基本准则是平等竞争。平等竞争的准则不仅可以使社会成员能有一个相对平等的起点，而且还可以使社会成员对于种种发展前景平等地、普遍地怀有种种希望，从而激发自身的活力。社会不公正现象的程度越高，对于平等竞争规则的损害程度也就越高。比如，中国现阶段的社会不公正现象严重地破坏了市场经济平等竞争的基本准则。类似于某些精英群体如权力精英群体和经济精英群体之间的利益结盟、公共权力不恰当的扩张、地方保护主义的盛行以及许多劳动者的基本权利得不到应有的保护等种种社会不公正现象，直接损害了市场经济平等竞争的准则，造成了市场主体的不平等、非市场因素的介入、信息不对称等负面的效应，形成了诸如行业垄断、区域分割等有害现象，使得市场经济应有的平等竞争精神与准则被扭曲变形，并使得参与市场经济活动的一方往往得不到应有的回报，而另一方却往往得到超额的并且是超出合理限度的回报。

再次，失去社会公正意味着发展活力的丧失。

由社会不公正而导致发展活力受损这一现象主要表现在两个方面。

第一个方面，是经济发展可持续动力的削弱。对于规模较大尤其是中国这样规模超大的国家而言，在经济的主要拉动力如出口拉动力、投资拉动力和消费内需拉动力三者当中，消费内需拉动力的作用要远远高于前两者。如果一个社会当中，低收入以及中低收入群体人数所占比例过大，那么这种社会的阶层结构显然是不公正的，而这种不公正的社会阶层结构所产生的消费内需拉动力是最弱的，难以对经济发展提供有效的可持续动力。另外，作为社会公正直接体现的社会保障状况的如何，对于一个社会的内需拉动力状况也有着重要的影响。社会保障制度除了具有"安全网"和"稳定器"的功能之外，还具有减少个人储蓄的"挤出"效应。通过社会保障制度，社会成员可以大幅度地缓解诸如在养老、医疗、失业等方面的后顾之忧，可以对未来的生活有一个相对稳定的预期，因而便可以大幅度地减少个人的储蓄。与之相联的是即时消费的增加，甚至是提前消费亦即按揭消费（贷款消费）的增加。这样一来，消费内需便得到了扩大，经济发展动力便可增强。相反，如果缺乏有效的社会保障制度，那么，大量社会成员对于自己未来的生活具有一种不确定感，因而必须进行一种自我保障型的积累。进一步看，这就必然会压抑消费内需，削弱经济发展的动力。

第二个方面，是社会活力的削弱。一个社会如果缺少必要的流动机制，就意味着大量社会成员向上的自由发展空间和横向的自由发展空间会严重受阻。因此，大面积社会成员的潜能就不可能得以有效地兑现和释放，进而使得整个社会的活力受到严重的削弱。更为重要的是，这种现象还存在着"代际传递"的可能性。比如，一个非常富裕的家庭或是家族，其后代的境遇往往要优于较为穷苦人家的后代。因为，前者在获取生存与发展所必需的社会资源方面、在财产的继承方面能够为后代提供后者所不具有的优势，进而使得前者的后代在机会的占有方面以及在社会优势位置的占有方面要明显优于后者。可以说这是一种十分不公正的特权性的"遗传优势"。这种"遗传优势"的持续存在，会直接损害代际之间的机会平等原则。

复再次，失去社会公正意味着民主化进程的延缓或扭曲。

社会不公正意味着贫困群体成员的数量过大。而大量贫困群体成员的存在，不利于民主化进程的推进。对于贫困群体的成员来说，就一般情形而言，他们难以有效地介入民主化进程。从其基本的需求来看，他们所看重的是其基本生存条件的满足，很难产生主动参与社会事务的意愿和冲动（特殊条件下的社会动员和集群行为除外），主动参与社会事务对他们来说是一种奢望；从其能力来看，由于他们长时期地缺乏教育，文化素质较低，而且又长时期地处在封闭的状态，因而很难积极而有效地参与社会性的事务。如果非要将贫困者大规模地拖入民主化的进程，那么，在实际生活当中，倒有可能对民主化进程产生诸多的不利影响，往往是弊大于利。对于不少贫困群体成员来说，他们所喜欢、认同的很有可能是过度、绝对的平等，所习惯的很有可能还是以前的平均主义。这种绝对的、带有平均主义色彩的平等同真正意义上的社会公正或者是明显抵触的，或者是不具有实际的可操作性，或者是会产生程度不同的"削高平低"的负面影响。在一个国家当中，贫困群体成员人数如果过多，那就有可能会在一定程度上使民主化进程的议题、民主化的目的变形走样。显然，实现社会公正，消除大规模贫困现象，是民主化进程得以顺利、有序推进的必要前提。不能奢望在一个贫困程度较高的国家实现真正意义上的民主。

最后，失去社会公正意味着会降低社会安全的程度，甚至会引发程度不同的社会危机。

社会公正是一个社会是否具有安全性的重要保证。换言之，社会不公正则会对社会安全产生十分不利的影响。一个没有群体差别或者是群体差别过小的社会不一定就是一个公正的社会，然而一个强势群体与弱势群体之间、富人群体和贫困群体之间界限过于分明、两者严重对峙的社会同样也不是一个公正的社会。虽然还不能说贫富差距过小的社会就一定是一个稳定的社会，但是可以肯定地说一个贫富差距过大的社会必定是一个不稳定的社会。如果随着社会发展进程的推进，社会财富越来越集中在少数社会群体少数社会成员一方，那么就说明社会发展的成果只是为少数社会群体少数人所享用。这样的发展不可能是真正的发展，而只能是畸形化的发展。就一般情形而言，一个社会的贫富差距越大，社会问题就越多，社会就越加不稳定、越加动荡，甚至存在着很大的倾覆的可能性。如果我们观察一下大多数发展中国家的贫富差距状况，就会发现，凡是基尼系数过高的发展中国家往往都存在着社会不稳定甚至是社会动荡的情状。中国现阶段社会不公正现象已经达到了比较严重的地步。"在我国现有发展水平上，社会上还存在大量有违公平正义的现象。""这个问题不抓紧解决，不仅会影响人民群众对改革开放的信心，而且会影响社会和谐稳定。"（习近平：《切实把思想统一到党的十八届三中全会精神上来》，《求是》2014年第1期）日益严重的社会不公正现象势必会造成社会各个群体之间的隔阂和抵触。当社会各个群体之间的隔阂和抵触积累到一定程度时，必定会进一步损害社会各个群体之间的团结与合作，引发或加重其他一系列的社会问题，造成社会的不安甚至是程度不同的社会危机。例如，从20世纪90年代起，中国每年的群体性事件不断发生。中国社会目前之所以出现了一些不利于社会安全运行的现象，一个重要的原因，便是社会不公正现象的存在。需要注意的是，随着中国财富总量的增大以及社会不公正现象势能的积累，随着整个社会利益结构调整的进一步推进，社会不公正现象所造成的负面影响有加速度扩张的趋势。

总之，社会不公正对于一个国家的发展构成了广泛而深远的不利影响。为了保证社会的安全运行和健康发展，就必须促进和维护社会公正，阻止天平的倾斜。

二、公正有别于正义

公正与正义两概念基本上是同义，英文写法均为"justice"，而且，就是在汉语语境中，公正与正义两者在多数场所中按照习惯做法也可以通用。一个公认的事实是，公正和正义是人类社会的价值目标取向，是身处不同区域当中、不同时代背景之下的民众共同追求的价值目标取向。这就使得很多人将两者完全当成一回事，而很少注意其中的细微差别。人们或许从语感的角度觉得两者有差别。比如，毛泽东说，"我们的事业是正义的。正义的事业是任何敌人也攻不破的"（《毛泽东文集》第六卷，人民出版社1999年版，第350页）。显然，这里所说的"正义"一词不能被置换成"公正"一词。即便如此，人们却又往往说不清两者的差别究竟在哪里。

尽管公正、正义两概念在多数场所可以交互使用，但如果仔细推敲一下，就可以发现，汉语语境中的公正和正义两概念之间实际上是有一些细微差别的，两者的适用范围有一定的差别。

具体之，汉语语境中的公正和正义这两个概念的差别主要表现在以下几个方面：

第一，正义是一个"应然""纯粹"的最高价值观层面上的事情，而公正则是一个将"应然"和"实然"结合在一起，依据"应然"的基本价值观进行现实社会的基本制度安排的问题，即：把"理想"与"现实"融为一体。

相对来说，正义属于纯粹的"义"的范畴的事情，表达了社会所应当具有的基本价值取向。正义是人类社会一种"纯粹"的善价值、善取向，是道德的制高点，是一种最高的理想目标，是"人间正道"。《论语·宪问》曰："或曰'以德报怨，何如？'子曰：'何以报德？'以直报怨，以德报德。"这里所说的"直"，就带有"正当""理应""应该"的意思。《孟子·离娄上》曰："义，人之正路也。"《荀子·正名》曰："正利谓之事，正义谓之行。"对此，《诸子集成》中《荀子·正名》的"注"从反面来进一步说明什么是正义，"苟非正义，则谓之奸邪"。从某种意义上讲，正义是一件"应然"的事情。它与现实社会亦即"实然"的事情之间可以存在着较大的距离。比如，孟子说，"仁义而已矣，何必曰利"。董仲舒说，"正其谊不谋其利，明其道不计其功"。孟子和董仲舒类似的说法尽管将"义"和"利"完全对立起来，已经极端化了，但倒是能够从另一个角度说明正义同现实社会之间有着较大的距离。客观看，正义并不是没有现实价值的。作为人来说，需要有理想目标的追求。人们正是通过对于这样一种"纯粹"的理想目标的追求而不断地改善现实社会。

与正义强调应然不同，公正则是以正义为依据，来进行现实社会层面上的基本制度的设计和安排，试图将"应然"和"实然"两者有机统一起来，因而带有明显的现实性。虽然正义与公正两者之间有着一定的距离，但是，两者却又是密不可分的。对于一个社会来说，制度尤其是规范、合理、公正的现实制度是至关重要、不可缺少的。而合理公正并且是现实的基本制度的设计必须基于一定的理念，这个理念就是正义。由此可见，实然离不开应然，公正是义利的统一，是应然与实然的统一，是理想与现实的结合。也正是因为公正带有现实性的特征，所以公正的实现还要考虑到如何将理想融入现实，要考虑到制度设计安排的可行性问题，要考虑到社会各个群体在制度安排时的共同认可、协调甚至是妥协的各种变数问题。

由上可见，从某种意义上讲，汉语语境中的"正义"是一个侧重于哲学价值观层面上的问题，而汉语语境中的"公正"则是一个侧重于社会制度（广义上的社会制度）层面上的问题。

汉语语境中"公正"和"正义"两概念的其他差别均是由上述差别进一步引申出来的。

第二，"正义"具有某种跨时代的、相对恒定的特征，而"公正"的具体内容则会随着时代条件的变化有所变化。

正义带有某种跨时代的、相对恒定的倾向。作为一种理想和目标行为取向，正义具有某种超越具体历史阶段的、相对恒定的特征。无论是哪个时代的社会，总会不可避免地面临许多相类似的主题。每个社会的人们对于这些相类似的主题都曾做过程度不同的努力。这些努力方向是有相似之处的，具有某种相对恒定的特征。比如，古代中国的人们非常注意天人合一即人与自然之间的和谐问题。虽然他们在特定历史时期的具体做法现在看来很难说具有科学性和可行性，但他们的态度和努力方向值得后人借鉴。正义也是如此。中国古代农民起义时的"均贫富、等贵贱"等口号就反映了在一定历史阶段当中民众对于正义的某种恒定追求，反映了民众对封建专制制度条件下社会不公现象的抗争。古人对于正义的追求，虽然我们不可能照搬其具体内容，但是，作为一种超越时代的价值理念，作为一种努力方向、一种行为取向和一种追求，不能否认其具有某种超越时代的相对恒定性，仍然值得现今社会予以认同和借鉴。

相比之下，公正跟现实社会的距离更近一些，因而其具体内容必然会随着时代条件的变化而变化。换言之，正义的努力方向具有某种相对"恒定"的特征，而公正的具体内容则具有相对"递进"和"更新"的特征。比如，今人也认同古人如古希腊哲人对于正义的追求，但不一定认同他们对公正的解释。原因很简单，因为每一个时代的人们总是在特定的历史条件下来实现公正状况的。由于时代是在不断发展变化的，人们的观念及认识也是在不断深化的，实现公正的能力也是在不断增强的，所以，不同的时代便会赋予公正以不同的时代内容，亦即：公正的具体内容必定会对着时代的发展而更新和发展。传统社会和现代社会条件下人们对于公正的理解和实现能力肯定会有所差别，但这些有所差别的对公正的努力都可以在追求正义的名义下进行。传统社会强调整体，强调人的依附性，因而特别强调公正就意味着秩序，意味着社会的井然有序，意味着统治者的"仁政"。比如，柏拉图认为公正就是合理的分工和秩序，"国家的正义在于三种人在国家里各做各的事"。"当生意人、辅助者和护国者这三种人在国家里各做各的事而不相互干扰时，便有了正义，从而也就使国家成为正义的国家了。"（[古希腊] 柏拉图：《理想国》，商务印书馆 1986 年版，第 169、156 页）而在现代社会条件下，公正的具体内容得到了更新，具有了新的内涵。现代意义上的公正强调个体人的极端重要性，强调在独立的个体人、自由人基础之上的社会联合体，强调与市场经济相容，鼓励每个人的自由空间、自由发展，强调每个人追求合理利益的正当性，并且强调每个人在追求个人利益的同时不能损害其他人的合理利益。

第三，正义是少数人才能够做到的事情，而公正则是多数人都能够遵循的事情。

在一般情形下，能够致力于正义并且能够情愿为之付出一切的人总是少数人，而不可能是多数人。《论语·里仁》曰："君子喻于义，小人喻于利。"《孟子·尽心下》曰："人皆有所不为，达之于其所为，义也。"原因很简单，"义"的标准很高，是"常人"难乎达到的。《论语》对于这个标准是这样描述的："志士仁人，无求生以害仁，有杀身以成仁。"（《论语·卫灵公》）"不义而富且贵，于我如浮云。"（《论语·述而》）《论语》和《孟子》对于在描述"义"的标准时，尽管对符合"义"的标准的"仁义"之士极尽称赞之辞，而对大多数社会成员带有贬斥的意义，但不能否认的是，其中也含有一些合理的成分。显然，符合"义"这种高标准的只能是少数社会成员。在常态的情形下，大多数社会成员亦即芸芸众生不可能达到这种标准，不可能一生致力于正义的事业，他们所热衷的是日常生活，所感兴趣的是其基本的切身利益，"利"是排在第一位的。正如马克思所指出的那样，"人们奋斗所争取的一切，都同他们的利益有关"（《马克思恩格斯全集》第1卷，人民出版社1956年版，第82页）。也正因为如此，所以在任何一个"常态"社会当中，能够达到"仁人志士""英雄楷模"这样高标准的只能是少数人。这些"仁人志士""英雄楷模"的付出和舍生取义的牺牲，其目的是为了维护大多数"常人"长远的"利"和改善"常人"的日常生活。

相比之下，大多数社会成员能够自觉自愿地认同公正并遵循公正的规则和制度。公正涉及社会基本制度的设计和安排，而这种基本制度是绝大多数社会成员的日常生活和职业生涯须臾离不开的。在现代社会，随着种种风险因素和不确定性因素的增多，随着社会成员对于生活期望值的不断提高，随着人们自由以及差异性活动空间的不断增大，随着社会成员越来越看重自身的独立、平等、自由、安全和可预期的发展，大多数社会成员越来越依赖于公正的规则和制度。而现代意义上的公正，其目的就是要在正义价值取向的基础之上，形成一个"好的"制度体系。这种"好的"制度体系，能够让社会各个群体各尽所能、各得其所，从而进一步形成一种合理分工、依规做事、有效合作、充满活力以及秩序井然的社会局面。显然，公正的规则和制度能够为绝大多数社会成员提供合理、安全和可预期的现实环境，因而会得到绝大多数社会成员的认同和遵循。

三、公正不等于公平

　　由于公正与公平这两个概念有些相近，以至于不少论者在许多场合交替使用这两个概念，将这两者当成一回事。有时人们凭直觉也会觉得公平和公正这两个概念有些差别，比如"公平、公正、公开"的提法实际上就将公正和公平有所区分，但人们对于这两个概念含义的具体解释却往往是语焉不详。

　　严格地说来，公正和公平这两个概念是有差别的。

　　在英文当中，"公正"的写法为"justice"，"公平"的写法为"fairness"，写法的不同说明了两者之间是有细微差别的。英文justice（公正、正义）一词尽管也包括公平尺度的意思，但其重点是在公正、正义的价值观方面；英文fairness（公平）一词的侧重点则在于公平尺度。无独有偶，在中国古人那里，公正（正义）同公平这两个词语也是有细微差别的。正义就是指正当的、公正的事情，往往同"义"或"直"相连；公平则是"一碗水端平"的意思。

　　显然，公正和公平这两个概念有广义和狭义之分。广义上的公正和公平的概念是人们平时的习惯用语，意思差不多，可以通用，但不宜用于正式的场合。而狭义上的也就是严格意义上的公正和公平这两个概念，则各自有着明确的含义，两者之间存在着一些明显的差别。

两者的最大差别在于：公正带有明显的"价值取向"，它所侧重的是社会的"基本价值取向"，并且强调这种价值取向的正当性；而公平则带有明显的"工具性"，它所强调的是衡量标准的"同一个尺度"，用以防止社会对待中的双重（或多重）标准问题。这是公正和公平的最为重要的区别。

从实际的社会生活领域来看，公正和公平的区别比较明显。比如，"金融大鳄"索罗斯于 20 世纪 90 年代末在东南亚金融市场上的所作所为，就是比较典型的遵循"公平"的游戏规则的做法，而这种做法确实有悖于公正的要求。正是由于缺乏公正的基本价值取向，因而索罗斯完全是通过"公平"的游戏规则而直接引发了东南亚的经济灾难。再比如，我们不妨做个假设：几个人分别偷窃了 10元钱的财物，其"案情""案值"完全一样。这几个人在被抓住判刑时，有的人被判了 5 年的徒刑，有的人被判 20 天的拘留，有的人却被无罪释放。这种做法显然是不公平的，因为它违反了一视同仁的规则。相反，如果这几个人均被判了 5 年的徒刑，那么可以说这种处理相对来说是公平的。但是，如果换个角度来看，偷窃 10元钱的财物就被判了 5 年的徒刑，显然是量刑过重，量刑尺度本身有问题。这两个事例说明，公正和公平并不完全是一回事，公正不等于公平。

就公正和公平的关系而言，基于上述的分析，我们不难形成这样的看法：其一，两者的功能定位不同。由于公正强调价值取向的正当性，所以，它不仅重视事情现有的状况、结果是否符合公正的要求或规则，同时为了保证事情的现状、结果的公正性，公正还必须重视造成、产生这种现状、结果的程序公平性问题。而程序公平的一项最为重要的内容便是必须遵循"同一标准"亦即公平的准则，用以防止某些群体或某些社会成员以双重或多重标准的方式来满足自身的私利，同时损害其他群体或其他社会成员，从而造成一种有所区别对待的不公正的社会状态。正因为如此，所以，公正当中必定包含着公平。一般说来，公正的事情必定同时也是公平的，但公平的事情却不见得同时是公正的。同公正相比，公平则要简单得多。公平强调客观性，带有价值中立的色彩，工具性强，或者从一定意义上讲，它只是操作层面的事情，尽管这种操作意义有时也是至关重要的。公平只需遵循"同一标准"的规则。所以，有时公平的事情未必是公正的事情。其二，公正的基本价值取向决定着公平的正向意义。如果没有公正的基本价值取向，就不会有真正意义上的公平即正向意义上的公平，剩下的可能只是"公平"的游戏规则。这时"公平"的游戏规则只具有中性的意义，它只是指同一游戏规则之下的一视同仁。至于这种游戏规则的依据是什么，它有可能会产生什么样的社会效应，则往往不是当事人所关注的事情，而是视具体的人和事而异。一旦社会丧失了公正、正义的基本价值取向，怀有种种用意的个人或群体便可借口公平的规则而将有利于自身却有损于其他人或群体的做法付诸实施。因此，有时这种"公平"的游戏规则会给社会带来程度不同的负面影响。

弄清公正与公平两者区别的意义在于，能够避免以公平取代公正而产生的误导作用。

前面曾提到，公平这一概念侧重于用"同一尺度""同样的对待"，防止双重或多重标准的有所差别的对待。公平概念本身并不带有明显的价值取向，而是强调客观性，带有明显的中性和工具性的色彩。因此，如果一个社会在某个时期缺乏应有的价值取向，那么这个时候如果强调公平问题，无疑会助长这个社会的自发性行为。在市场经济条件下，如果没有将公正作为基本的价值取向，而是以公平行使公正的职能，那么，这时的公平极易从属于以完全的市场经济为导向的做法，从而放大或是扩大了市场经济的固有缺陷。比如，它会助长社会成员之间分配收入差距的扩大。在市场经济条件下，仅仅强调"公平的""同一尺度"以及"同样的对待"，是无法保证人们在竞争的起点方面、在竞争的过程之中能够真正地做到公正的。从这个意义上讲，"公平"的市场经济准则对于诸如能力强、资本雄厚、家庭背景优越的社会成员有利，而对于相反者来说则是十分不利的。这种情况更多地体现了一种"能力本位"的优势。在这样的情形之下，在短时期内或许会造成一个有效率的社会。但问题的重要性在于，这样的社会必定是违背了公正的基本价值取向，其经济效率不可能是健康、可持续的效率，而是一种病态的、缺乏持续性的效率，并且，长此以往，社会成员在财富分配方面的差距势必会越来越大，社会的安全运行和健康发展均会深受影响。如果一个社会的发展结果是少数人受益、多数人受损，那么这个社会的发展便失去了最为基本的意义，这个社会的发展不是真正的发展，这个社会必定是一个病态的社会，而不可能是一个健康的社会。

显然，只有以公正而不是以公平作为社会发展的基本价值取向，才能有效地防止市场经济的固有缺陷。

四、社会公正的基本内容

什么是社会公正？从古到今，人们对社会公正下了成百上千并且是千差万别的定义，但比较公认的经典解释是：所谓社会公正，就是给每个人他（她）所"应得"。

问题是，"应得"包括哪些具体内容。在不同的时代条件下，人们对于社会公正基本内容的理解是不一样的。

在现代社会和市场经济条件下，社会公正包括四项基本内容（基本规则）。

社会公正的第一项基本内容是社会成员基本权利的保证，亦即"底线保障的规则"。

这一规则实际上是底线规则。这一规则强调的是，只要一个人来到世上，他就具有了不证自明的基本权利，这些权利包括生存权利、社会保障权利、接受教育的权利等等。不管这些人是男还是女、是老还是少，是聪明还是不聪明，是白人还是黑人，甚至不管这些人是勤快还是懒惰，社会对这些社会成员的基本权利必须予以切实的保护。即便是在发展中国家，社会对于社会成员基础性的基本权利也应当予以切实的保护。

从现代人权的角度来看，个体人所拥有的基本权利非常广泛。《经济、社会及文化权利国际公约》规定：人人应有机会凭其自由选择和接受的工作来谋生的权利；人人有权享受公正和良好的工作条件；人人有权享受社会保障，包括社会保险；人人有权为他自己的家庭获得相当的生活水准；人人有权享有免于饥饿的基本权利；人人有权享有能达到的最高的体质和心理健康的标准；人人有受教育的权利；人人有权参加文化生活；等等。

还必须看到，对于发展中国家来说，社会成员基本权利在全社会范围内的全面确立还需要经历一个过程，不宜笼统地完全以现代社会的标准来衡量。但无论如何，生存权、就业权、受教育权以及社会保障权是发展中国家的每个社会成员所必须拥有的，而且这几项基本权利的重要意义要明显超过发达国家相应权利的意义。比如，同样是生存权，对于发达国家来说已经是不成问题的事情了，但对于发展中国家尤其是发展程度较低的发展中国家来说，则往往是至关重要的问题。

社会公正的第二项基本内容是机会平等，亦即"事前的规则"。

假设在社会财富还没有被创造出来之前，我们正处在共同创造财富的过程当中，这时应当遵循什么样的规则呢？这就是机会平等的规则。由于这一规则是在社会财富形成之前，所以，可以将这一规则叫作事先的规则。

机会实际上是指社会成员发展的可能性空间和余地。机会直接影响着未来的分配状况，机会的不同将导致未来发展可能结果的不同，因而从分配的意义上讲，机会的条件是一种事前就有所"安排"的原则。不应低估机会问题对于整个社会公正体系的重要意义，它是在为每个社会成员的具体发展提供一种统一的规则。

大致地说，机会平等具有这样一些具体的含义：一是每个社会成员生存与发展机会起点应当是平等的。换言之，凡是具有同样潜能、同样能力的社会成员应当拥有同样的起点，以便争取同样的前景。二是每个社会成员机会实现过程本身的平等。起点的平等固然很重要，但如果仅限于此，则是远远不够的。机会的实现过程对于最终能否实现机会平等的原则也有着重要的意义。机会的实现过程必须排除一切非正常因素的干扰。只有起点和过程均是公正的，才有可能保证结果也是公正的。三是承认并尊重社会成员在发展潜力方面的"自然"差异，以及由此所带来的机会拥有方面的某些"不平等"。人们在自然禀赋方面存在着许多先天性的差异，这具体表现在智力、体能、健康以及性格诸方面的不同。这些"自然"差异对于人们的发展潜力以及把握不同层次机会的能力有着一定的影响。这是一种无法避免的影响，而且这种影响是正常和合理的。因此，对于由这些正常和合理的"自然"差异所造成的社会成员之间不同的发展潜力以及所拥有的有所差别的机会，理应予以承认和尊重。

社会公正的第三项基本内容是按照贡献进行分配，亦即"事后的规则"。

社会财富创造出来以后应当如何进行分配？很简单，就是应当按照贡献进行分配。由于从理论上讲这一问题是发生在社会财富形成之后，因而可将之称为社会公正的事后规则。

在社会财富的形成过程中，每个社会成员的贡献是不一样的。有的投入的劳动量比较大，有的比较小；有的人投入的资本量比较大，有的比较小。有的人投入的劳动量尽管比较小，但是其劳动的复杂程度、技术含量比较高。所以，社会成员各自对于社会的具体贡献是有差别的。既然如此，那么，在初次分配领域，就应当按照各自不同的贡献进行财富分配。这就是公正。

按照贡献进行分配，是把个体人对社会的具体贡献同其切身利益紧密地结合在一起。从实际效果来看，这有利于调动每个社会成员的积极性，有利于激发整个社会的活力。这是同现代社会完全相适应的一种分配原则，也符合市场经济的现实原则。

社会公正的第四项基本内容是社会调剂，亦即社会调剂的规则。

在现实社会当中，由于人们能力、机会以及具体环境的千差万别，由于制度及规则等方面的不完善或是不配套，由于社会尤其是市场经济中存在着种种不确定性因素，所以，社会在初次分配之后可能会出现程度或大或小的社会不公问题。

当初次分配结束后，这时人们的财富占有就会出现不小的差距，这种差距如果持续地积累一段时间比如 20 年，就会更加扩大，并进而出现一种社会不公现象的结构化或"固化"的情形。这样一种结构化的社会不公现象会造成严重的负面效应。对此，至少可以从两个方面来理解。一方面，不利于社会团结，不利于社会安全。社会不公现象的结构化必然会使得整个社会出现排斥、敌对、撕裂、冲突的情形，进而造成社会的不稳定。而社会一旦出现不稳定的情况，没有赢家，无论对哪一个群体都是不利的。另一方面，社会不公现象的结构化也会降低社会潜能的开发。有许多贫困人口的后代，其发展潜能可能是很大的，但就是因为家里贫困而难以接受必要的教育，所以其潜能也就很难得到相应的开发。从整个社会的角度来看，如果这样一种现象是大面积的，那么就意味着社会的巨大潜能得不到应有的开发，这对全社会来说是一种巨大的浪费。

所以，无论从社会安全的角度看，还是从整个社会潜能激发的角度看，在初次分配之后，社会有必要进行再分配。也就是说，社会有必要立足于社会的整体利益，对于一次分配后的利益格局进行一些必要的调整，使社会成员普遍地不断得到由发展所带来的收益，使社会的安全系数增大，使社会潜能得以激发，社会活力得以增强。

同社会公正的第一项基本内容亦即底线保障的规则有所不同的是，社会调剂所强调的是"发展型"或"增长型"的补偿，而不是"维持型"的救援。

　　我们在谈论社会调剂规则时，应防止两种比较常见的由于过度强调整体而出现的偏颇。一种偏颇是，由于过分地强调社会整体的利益而轻视个体的利益，将后者视为前者的依附物，认为为了社会整体的利益可以随时牺牲个体的利益。另一种偏颇是，一切均从社会整体的角度出发从而形成一种绝对平均主义，对社会成员进行整齐划一的处理，人均一等份，消除社会成员之间的一切差距。这两种偏颇在新中国成立后都曾存在了很长的时间，给中国社会造成了极为深远的负面影响。

　　需要说明的是，社会公正是由基本权利保障（底线保障的规则）、机会平等（事前的规则）、按照贡献进行分配（事后的规则）和社会调剂（社会调剂的规则）这样四项基本内容构成的一个有机整体，缺少其中的任何一项基本内容，社会公正便不具备完整的意义，便会陷入某种偏颇的境地。如果缺少基本权利保障的内容（底线保障的规则），那么社会公正就会由于缺少一种最基本的底线而在相当程度上失掉广泛的民众意义；如果缺少机会平等的内容（事前的规则），那么就会使社会由于缺少一种基本的平等竞争的机制而丧失活力；如果缺少按照贡献进行分配的内容（事后的规则），那么就很有可能使社会分配陷入某种平均主义的偏颇，同样会使社会丧失活力；如果缺少社会调剂的内容（社会调剂的规则），那么就会使社会阶层、社会群体之间出现一些抵触甚至是冲突，进而引发社会的不稳定。

五、社会公正的基本价值取向

弄清社会公正的基本价值取向问题至关重要。在这个问题的理解上稍有偏差，就会导致对社会公正基本内容（基本规则）的理解以及对基于社会公正而进行的制度安排和社会政策的制定的重大偏差。可谓是差之毫厘，谬以千里。

从社会公正基本规则的分析当中，我们可以看到，在现代社会和市场经济条件下，社会公正的基本价值取向实际上包括以下两个相辅相成、缺一不可的基本内容：

第一，让全体社会成员能够共享社会发展成果。

社会经济的发展应当是以人为本的发展，而且应当是以全体社会成员为本的发展。所以，社会发展的成果对于绝大多数社会成员来说应当具有共享的性质，即随着社会发展进程的推进，每个社会成员的尊严应当相应地更加得到保证，每个社会成员的潜能应当相应地不断得以开发，每个社会成员的基本需求应当相应地持续不断地得以满足，其生活水准应当相应地得以不断的提高。正如恩格斯在其《共产主义原理》所说的那样，应当"结束牺牲一些人的利益来满足另一些人的需要的情况"，使"所有人共同享受大家创造出来的福利"，"使社会全体成员的才能得到全面的发展"。相反，如果随着社会发展进程的推进，社会财富越来越集中在少数社会群体、少数社会成员一方，那么就说明社会发展的成果只是为少数社会群体、少数人所享用。这样的发展不可能是真正意义上的发展，而只能是畸形化的发展。

让全体社会成员共享社会发展成果包括这样几层含义：其一，每个社会成员的基本尊严和基本生存条件能够得到维护和满足。社会成员的基本生存和基本尊严如果得不到必要的保证，那么，这就意味着整个社会的尊严受到了损害，同时也意味着社会没有履行好自己最起码的职责。因此，社会应当根据当时基本的生活水准，制定最低生活线标准，建立最低生活保障制度，直接援助社会弱势群体，以确保其基本生活条件和基本尊严。其二，每个社会成员的基本发展条件能够得到保证。唯有如此，每个社会成员的潜能才有可能得以开发，社会才能够实现真正平等、有效的合作，社会发展才能够获得持续不断的推动力量。就此而言，我们应当特别地关注社会成员的充分就业、义务教育和社会保障这样几件人生大事。其三，每个社会成员的生活水准和发展能力能够随着社会经济发展进程的推进而不断地得以提升。在现代社会和市场经济社会条件下，社会群体之间、社会成员之间在财富的占有量方面不可能是平均的，但是，社会完全可以通过税收、社会保障等种种社会调剂方式消除过大的贫富差距，使相对低收入以及一般收入社会群体的生活水准同社会发展的总体水准保持着一种同步的关系，从而实现让全体社会成员共享社会发展成果的基本宗旨。

第二，为每一个社会成员的自由发展提供充分的空间。

寻求人的"自由而全面的发展"，是马克思一生所孜孜追求的目标。马克思指出，"每个人的自由发展是一切人的自由发展的条件"（《马克思恩格斯全集》第39卷，人民出版社1974年版，第189页）。在现代社会和市场经济条件下，每一个社会成员都是一个具有自主意识和独立选择权利的"自然人"，是一个同他人一样的独立的个体人。在法律允许的范围之内，每个社会成员是自由、自主的。同时需要看到的是，社会成员之间是有差异的。由于种种先天性的因素以及资源的有限性，个体人在诸如禀赋、能力等自然条件方面以及社会生活环境、机遇等社会条件方面不可避免地存在着种种差异，因而个体人各自的发展机会和发展潜力很不相同。这也就导致个体人在以后各自发展的结果如财富、声望、地位等方面的许多差别。正是基于前述两个方面情形，保护每个社会成员自由发展的空间、以求得每个社会成员"各尽所能、各得其所"便成为社会公正的另一基本价值取向。

为每一个社会成员的自由发展提供充分的空间的主要内容包括：其一，机会平等。凡是具有相同能力和相同意愿的人，其发展机会应当是相同的，发展前景也应当是大致相似的。其二，按照贡献进行分配。在社会财富等资源的形成过程中以及与此有所关联的事情中，每个社会成员所投入劳动的数量和质量、所投入的生产要素不可能是相同的，因而各自对于社会的具体贡献是有差别的。所以，应当按照每个社会成员对社会所做贡献的具体状况进行分配。

必须看到的是，对于社会的安全运行和健康发展来说，社会公正的两个基本价值取向各有各的特有重要功能，一是"保底"，二是"不封顶"，两者缺一不可。社会公正第一方面的基本价值取向也就是让全体社会成员能够共享社会发展成果的主要功能在于，确保并不断提升全体社会成员生存与发展的基本底线，以此最大限度地消除社会成员之间的隔离因素，使发展成为全体人民的共同事业，增强整个社会的团结合作，从而最终实现发展的目的。社会公正第二方面的基本价值取向也就是为每一个社会成员的自由发展提供充分的空间的主要功能在于，把每个人的具体追求以及对社会的具体贡献同自身的切身利益紧密地结合在一起。从实际效果来看，这有利于调动每个社会成员的积极性，激发整个社会的活力和创造力。社会公正的这两项基本价值取向是一个有机整体，相辅相成、缺一不可。前者的功能在于为每个社会成员提供一个"兜底""保底"的东西，后者的主要功能在于不封顶，鼓励每一个社会成员自由而充分的发展，激发整个社会的创造活力。这两项基本价值取向是一个有机整体，缺一不可。缺少其中的任何一项，社会公正便不具备完整的意义，就会走向不公正。一个社会，如果只是遵循了第一方面的基本价值取向，换言之，只是强调让全体社会成员能够共享社会发展成果，而忽略了使每一个社会成员都能够拥有充分的自由发展空间的基本价值取向的话，那么，这个社会必定会成为一个平均主义的社会，一个没有活力的社会。相反，一个社会，如果只是遵循为每一个社会成员都能够拥有充分的自由发展空间的基本价值取向，而忽略了让全体社会成员能够共享社会发展成果的话，那么，这个社会必定是一个贫富差距越来越大、动荡不安的社会。

反思人们对于社会公正基本价值取向的理解，有时只是注意了其中的一项内容，因而很容易对社会公正作出以偏概全的理解。比如，有人只是强调共享是社会公正的基本价值取向，有人只是强调机会平等或是按照贡献进行分配是社会公正的基本价值取向。这些都是对社会公正基本价值取向的片面理解。而建立在对社会公正片面理解基础之上的制度设计和政策制定必定是片面甚至有害的。

六、社会公正的基本立足点

在谈论社会公正的基本问题时，还有一个问题十分重要，这就是社会公正的基本立足点问题。这个问题如果不搞清楚，那么，对于社会公正的理解同样也会出现重大的误差。

社会公正的基本出发点是，国家应当以维护每一个社会成员或是社会群体的合理利益为基本出发点，而不能刻意地站在哪一个特定社会群体的立场上来制定带有整体性的社会经济政策和基本制度。这是因为，一旦站在特定社会群体的立场来制定带有整体性的社会经济政策或设计基本的制度，那么，便会不可避免地使基本政策或基本制度带有明显的倾向性，从而损害其他社会群体的合理利益。

社会公正的基本精义是给每个人他所"应得"，即：维护每一个社会成员和社会群体的合理利益。无论是哪一个社会群体，只要其利益要求是合理的，那么都应当予以一视同仁的保护。具体之，既要确保每一个社会群体、每一个社会成员基本的生存底线，又要为每一个具有发展潜力的社会群体和社会成员提供充分的自由发展空间，以求得每一个社会群体和每一个社会成员"各尽所能，各得其所"，实现社会群体之间、社会成员之间的互惠互利。

在现代社会和市场经济条件下，由于社会分工的职业化和专业化，由于社会利益结构的多样化，由于构成社会群体的每个社会成员都有着平等的权利，所以，社会的每一个群体对于现代化建设和市场经济运行来说都是不可替代的，同时各个社会群体相互间是平等的。在现实社会中，每一个群体都有可能遇到不公正对待的问题，尽管角度不尽一致。有鉴于此，基于社会公正，国家对于社会各个群体的基本态度应当是不厚此薄彼，不宜刻意地站在哪一个特定社会群体的立场上，抬一个，压一个。国家应当站在社会整体的立场上，以维护每一个社会成员和社会群体的合理利益和基本权利为基本出发点，不管这个人是穷人还是富人，是多数人群体中的成员还是少数人群体中的成员，是黄肤色人还是白肤色人，是城市人还是农村人，只要属于基本权利范围内的事情，都应该得到一视同仁的保护。而且，在解决某一社会群体所面临的不公正对待问题时，不能损害另外社会群体的合理利益。

我们甚至还不能笼统地说，在任何情况下一切以多数人的意见为标准来制定政策，或者是通过简单多数的表决形成的意见就一定是合理公正的。理由是：其一，少数人少数群体也有着自己的合理权利。而从法理上讲，这些权利与多数人多数群体的基本权利是平等的，是不能随便剥夺的。任何人、任何群体的利益，只要是合法的，就应当得到国家一视同仁的保护。换言之，社会成员的利益是否应当得到国家的保护，取决于其利益是否合法，而不是取决于其人数的多少。其二，少数人少数群体的平等权利与合理利益如果得不到应有的保障，那就往往意味着从长远角度看，多数人多数群体的平等权利与合理利益都不会有着稳定的边界，都不会具有安全的保证，都不会具有一种确定性。今天牺牲这批少数人，明天牺牲另外的少数人，后天牺牲再一批少数人，加起来就是一大批人。可以说，在未来的一段很长的时期里，多数人当中的每一个人都有可能成为少数人。所以，正是从这个角度上讲，对于少数人少数群体的平等权利与合理利益如果进行了有效的保护，就意味着所有社会成员的平等权利与合理利益都会得到长远的、制度化的、常态化的、根本性的保护。

由此可见，只有将社会公正放到一个相对客观、"中立"的立场上，以维护每一个社会群体和社会成员平等权利与合理利益为基本出发点，才能制定"不偏不倚"和"相对客观公平"的社会经济政策和制度，才能做到公平公正，才能有效地促成社会各个群体"各尽所能，各得其所"以及互惠互利，才能实现富裕群体的利益增进与弱势群体的生活改善两者之间的同步化，才能有效防止公权不恰当的越界扩张，才能既充分开发社会活力，又提升整个社会的信任程度和整合程度。

具体到现实社会，对于社会公正如果把握不当，容易造成两种可能的有害倾向。一种可能的有害倾向是，刻意站在能力较强、处在某种"强势"位置的少数人群体的立场上，来制定事关全局的社会经济政策。比如，在某个特定的时期，出于迅速拉动经济的考虑，某些部门、某些地区过于重视对富裕群体的"激励"，从而制定了某些对富裕群体过分优惠的政策。这种做法在短期内或许带来某种积极的效应。但是，一旦将之固化成为常规化的制度安排和基本政策，那么，势必会造成少数人群体受益而多数人群体利益受损的情形。在这样的情形下，社会成员共享社会经济发展成果的基本宗旨就不可能实现，社会经济的总体发展就有可能会出现一种"有增长无发展"的状态。另一种可能的有害倾向是，刻意站在能力较弱、处在某种"弱势"位置的多数人群体的立场上来制定事关全局的社会经济政策。比如，出于片面地对共享社会发展成果理念的理解，将弱势群体提出的所有要求都视为合理的，一切以弱势群体的要求为标准，并据此制定过于平均化的社会经济政策。这种做法会直接导致平均主义的抬头，损害少数人群体的合理利益，损害经济的发动机，并最终导致社会活力大幅度降低的局面，从而延误整个国家的发展进程。

　　需要注意的是，在某个特定的时段，由于具体历史条件的不同，因而不同的社会群体所遇到的不公正对待的种类和严重性程度是不尽一样的，对于社会所造成的负面影响也是不尽一致的。所以，在不同的历史条件下，维护与实现社会公正具体任务的重心应当是有差别的。比如，在改革开放初期，为了破除平均主义和计划经济体制的负面影响，出于维护社会公正和激发社会活力的考虑，社会有必要对从数量上看是少数的、能力较强的人予以保护和鼓励；而在现阶段，由于中等偏低收入者和低收入者人数比重比较大，贫富差距过大的现象比较严重，已经对中国社会经济的发展造成了许多不利的影响，所以，维护与实现社会公正的一项重要任务便是要解决这一问题，以实现社会成员共享发展成果的基本宗旨。但是，无论是哪一种任务的实施，都不能同时损害另外群体的合理利益，否则，便会造成新的不公正现象。

　　反思新中国成立以来的一些做法，在这方面形成了许多教训值得汲取。在改革开放以前的30年，我们在制定政策时，往往是过多地站在穷人利益的立场上来进行。一个人越穷越好，最好穷得三代叮当响，那么他就具有了雄厚的、当时最为看重的政治资本。相反，一个人如果比较富裕，或者出身不好，那么，就意味着对于劳动人民的剥削和压迫，是罪恶的，剥夺者应当被剥夺。这种做法的结果是让整个社会陷入了平均主义，丧失了社会活力和创造力。而改革开放以后的一个时期当中，情况恰好颠倒了个。有时我们在制定政策时，往往是过多地站在富人的立场上，往往是一切以富人的要求为标准来进行。一切以弱势群体的要求为标准来制定政策，固然有失公正，但同样，完全站在富人的立场上来制定政策，恐怕也有很大的问题。有时对于富人的政策过于优惠，如前些年一些地区在招商引资中的一些政策就过于优惠。实际上，这就会损害其他群体的合理利益。

七、程序公正同样十分重要

社会公正实际上是由两个部分所组成的，即"实质公正"和"程序公正"，两者缺一不可。从实质公正的角度看，社会公正是由社会成员基本权利的保证、机会平等、按照贡献进行分配以及社会调剂（社会再分配）这样四项基本规则构成的一个有机整体。除此之外，从程序、流程的角度看，社会公正还包括程序公正。可以说，程序公正是实现实质公正的必要保证。没有程序公正，就不可能有实质公正。

与"实质"（实际规则、实际效果、结果）公正相对应，程序公正侧重于形式上的、"纯粹"规则意义上的公正。从一定意义上讲，程序公正更接近"应然"意义上的公正，而不是"实然"意义上的公正。程序公正与实质公正共同构成了完整意义上的社会公正。

程序公正，是指制定和实施法律、法规、条例及其他政策时应遵循公正合理的程序（流程）安排。程序公正的基本特征在于：

第一，普惠性。程序公正的基本宗旨在于保护全体社会成员的利益，在于使社会成员普遍受益。程序公正的基本要求是，每一个社会成员、每一个社会群体的尊严和利益都应当得到有效的维护，任何一个社会群体尊严和利益的满足都不得以牺牲其他社会群体和社会成员的尊严和利益为前提条件。

第二，公平对待。程序公正中的公平对待至少有两层含义。第一层含义是，在处理同样的事情时，应当按照同一尺度一视同仁地进行。第二层含义是，应当采取必要的措施，建立必要的规则体系，使制定和实施政策的直接当事人不能将自己的利益倾向和偏好体现在相关的政策之中，简而言之，就是不能"夹带私货"。

第三，多方参与。在现代社会，随着民主化进程的推进，社会成员的参与意识得以普遍地形成，他们有责任、有能力也有愿望参与重要社会事务的讨论和制定。因此，在制定法律和重要的公共政策时，应当也必须让多方人员参与，尤其是要允许相关社会群体有充分的参与和表意的机会，使之能够充分地表达自己的意见，维护自己的利益。

第四，公开性。信息占有的对称性对于程序公正整体是十分重要的，是程序公正的必要条件。同某项政策的制定与实施相关的信息如果出现了不对称性的情形，即一方是对相关信息相对充足的占有，而另一方则是相关信息的匮乏，那么，社会群体和社会成员就难以做到有效的参与，无法得到公平对待，进而程序公正也就无从谈起。况且，一方通过垄断信息可以在制定和实施政策的过程中进行种种舞弊活动，比如，可以通过信息的不对称对于其他社会群体进行各种类型的欺骗和误导。因此，为了防止信息的不对称，一个行之有效的方法就是将相关的信息向全社会充分公开。

第五，科学性。程序公正应当既是公正的，同时又应当是有效、稳定的。因此，程序公正还包含着一些技术方面的要求。这至少包括两方面的内容。一方面，相关信息的充分化及准确性。只有保证了相关信息的充分化和准确性，才能使程序公正具有起码的事实依据，否则，程序公正问题无从谈起。另一方面，应当具有必要的评估机制和修正机制。由于现实社会的复杂多样性以及人们认识能力的种种局限性，很多重要的政策需要有一个逐渐完善的过程，其公正程度有一个逐渐提高的过程。这就需要对其实施的实际效果进行必不可少的评估，分析其不足之所在，尔后经过必要的修正，从而达到一种相对公正和有效的状态。

程序公正对于确保社会公正理念最大限度的实现，对于实现社会的安全运行和健康发展有着不可替代的重要作用：

程序公正有助于保证社会成员的基本权利。每一个社会成员都应当具有平等的基本权利。《中华人民共和国宪法》2004 年修正案作出了明确的规定："国家尊重与保障人权。"社会成员的这种基本权利不应因财富的多寡以及诸如先天"身份"的差别而有所不同。国家有责任有义务保证社会成员的这种基本权利。而对于社会成员基本权利的保证必须通过制度化的安排来实现。任何口头的承诺、习惯性的做法或是随机性的行为都无法有效地保证人们的基本权利，相反，却会使人们基本权利的保证问题陷入一种不确定的状态。在保证社会成员基本权利的制度安排当中，程序公正是一项重要的内容。通过公正的程序，人们既可以"预防"自身基本权利可能遇到的侵害，也可以矫正或是补救自身基本权利已经受到的损害。还有一点不应忽略的是，当一个人对于社会或其他人构成侵害时，并且这种侵害超过了一定的"度"，因而必须受到惩处，必须被剥夺某种基本权利时，那么，国家也必须通过公正的程序予以实施，而不能随意地进行处理。这种做法实际上是从另外一个角度来保证社会成员的基本权利。

程序公正有助于协调复杂的社会利益关系。一方面，随着现代化和市场经济进程的推进，社会的差异成分日益增多，社会利益关系也越来越复杂化，社会各个利益群体的特定要求必定会越来越明确和多样化，社会成员的利益诉求不断增强；另一方面，还需要看到是，在社会分化加深的同时，社会的整合程度也在不断提升，任何一个社会利益群体都越来越不可能脱离其他的社会群体而独立地生存。在这样的情形下，社会各个利益群体之间必须减少不必要的摩擦和冲突，进行有效的社会合作，以造成一种多赢的局面。因此，社会需要有一个能够对社会各个利益群体的各种要求进行协调和"仲裁"的机制，而且这种机制必须是公平、公正的。程序公正实际上是提供了这样一个场所。社会的各个利益群体包括边缘化的社会群体在这里能够进行充分的表意和谈判，在遵循必要的和共同认可的公正规则和程序的前提之下，形成相对来说能够被社会各个利益群体接受的意见或做法。也许就某件事情来说，某个利益群体会明显地"获益"。然而，这种获益是经过协商和协调的结果，是能够被其他利益群体接受的，而且，由于这种结果符合程序公正的要求，所以也就意味着其他利益群体可期望的未来的合理利益同样能够得到保证。由此可见，从长远的眼光来看，程序公正能够有效地协调复杂的社会利益结构，防止在社会经济资源方面占据优势的社会利益群体左右社会经济政策局面情况的发生，从而有效地促进社会的合作，提升社会整合程度。

程序公正有助于限制公共权力对于社会公正可能的不当干扰。本来，公共权力的主要功能在于立足于社会的整体利益，促进社会的公共事业。公共权力的一项重要功能就是维护社会公正，消除不公正现象，并防止不公正现象的出现，而不是制造或加重不公正现象。但是，有时由于权力的过分集中，或者由于权力有时同自身的利益之间的边界不够清晰，因而在某些情况下政府在制定或是实施有关公正政策时就会明显地表现出一种特定的利益偏好。这就会造成十分有害的后果，直接损害社会公众的利益。而程序公正可以在不小的程度上限制权力对于社会公正的干扰。一旦进入了程序公正的范围，那么，通过必要的公众参与、专业咨询、分工、间隔、民主决策等等，可以在很大的程度上保证相关的公正政策的制定和实施，防止公共权力与特定的利益群体相结合，并进而损害其他利益群体情形的发生。

程序公正有助于减少社会公正实现过程中的技术性失误。即便是人们在制定和实施法律和政策时能够本着社会公正的基本理念，但这只是结果公正的必要条件，而不是结果公正的充足条件，仍然还不能保证结果的公正性。在程序公正当中，有不少属于技术性、操作化的具体内容。这部分内容同样是十分重要的。如若缺少这部分内容，那么，程序公正仍然不会是完整的，随意的、盲目的决策仍然难以避免，由此所导致的结果仍然会陷入一种低效或是无效的状态，严重者甚至会造成一种负面的社会效应。同传统社会形成鲜明对比的是，在现代社会，社会的构成成分越来越纷繁多样，社会的各种环节越来越复杂。一种社会现象的相关事物越来越多，一个社会群体在公正对待方面所涉及的信息量往往是很大的。这就对程序公正提出了很高的技术性要求。比如，相关信息的充分收集、整理和公开，相关政策实施的信息反馈及修正机制，某项资源公平分配额度或损失补偿份额的测算等等技术性的工作，对于完整的程序公正来说都是不可缺少的组成部分。显然，完整的程序公正可以通过准确性、公开性等基本的要求，减少相关政策制定和实施过程中可能出现的技术性失误，从而最大限度地实现结果的公正。

程序公正有助于形成社会成员对社会的普遍认同和信任。实际上，程序公正还承载着社会成员对于社会公正的一种期望。程序公正是要保证社会公正实现的最大概率。程序公正虽然不能保证每一项具体结果都是公正的，但是能保证大多数结果是公正的，而且还可以为纠正少数的不公现象留有余地。从某种意义上讲，人们对于程序公正的看重并不亚于结果公正（实质公正）。只有具备程序公正，人们才会普遍感到整个社会的公正是可能之事。再者，由于程序公正能够实现社会成员的充分表意，因而能够在一定程度上吸纳一些社会成员的不满，减少一些可能的社会纠纷。因此，一旦程序公正成为社会的有机组成部分，那么，社会成员就易于对社会采取一种普遍认同的态度，形成一种普遍的信任。这种认同和信任有助于减少社会群体之间的隔阂和抵触，减少社会的不安定因素，进而有助于社会的安全运行和健康发展。

总而言之，程序公正对于社会公正理念的实现，进而对于社会的安全运行和健康发展具有不可替代的作用。这种作用从另外一个角度或许更能得以说明，即：没有程序公正意味着什么？一个社会如果缺少程序公正，那么就意味着社会成员对社会的普遍认同程度和信任程度会迅速降低，意味着权力对于社会公正的干扰不可避免，意味着社会公正实现过程中的技术性失误会大量出现，意味着社会成员的基本权利无法得到有效的保证，意味着社会利益结构难以协调。在这样的条件之下所制定的法律或是政策必定具有随意性和不确定性的特征，甚至会对社会成员造成种种威胁。

八、不宜忽视代际公正问题

对于社会公正问题的观察，不但要有"横向"的分析视角，还应当有"纵向"的分析视角亦即"代际公正问题"的视角。在20世纪90年代至21世纪的初年，我们国家在这方面的问题是比较凸显的。近年来，我们在这方面问题的解决上，应当说成绩比较显著，但仍然需要做更进一步的努力。

十几年前，笔者曾收到大量老同志的来信（很多信函是用挂号和特快专递寄来的）。这些来信诉说了这些老同志的真实心态和所处的真实环境。

西南某省一位退休高级工程师的来信是这样写的："我……68岁，1958年参加工作，1994年退休。退休前在……省水利厅下属施工企业工作。36年来……从事中、小型水利工程施工50余项。历任施工技术员……工程师、高级工程师、副总工程师等职。1993年（被）国务院授予有突出贡献的工程技术人员。""养老金还不如政府机关、事业单位、垄断行业中的一名勤杂工的退休待遇。……这点钱，仅够吃饭穿衣，无钱订书订报，不敢打电话，不敢上网，不敢接受学术单位的邀请参加学术活动，不敢探亲访友，无颜见到父老乡亲，更怕生病。我好惭愧，我好失望，我好伤心。"

华中某大城市某企业一位退休高级工程师的来信云："子女三人，两个已成家，一个未婚，各自分居。其中两个下岗，一个有工作但只能自己管自己，均无经济能力帮助父母。我和老妻及高龄岳母同居一处生活。"我们在"这样的特大城市只能勉强维持生活，苦度晚年，应归入城市贫民阶层。……我们……已是风烛残年，贫困交加，黄泉路近，恐怕等不到问题解决的那一天，分享不到社会发展的成果了，是以悲也"。

华北某市某厂的部分退休职工的来信写道："在我们中间有参加过解放战争、抗美援朝的老同志，也有在保卫社会主义事业中任劳任怨、常年工作在脏、危、重工作环境中身负重伤致残的老同志。"我们"面对不愈的疾病，看着满把的收费条，内心真是不寒而栗。据统计今年因病住院，慢性病吃药等（花费）医疗费万元者占30%，花几千元看病是很平常的事"。"我们从青年到老年，几十年为社会贡献了全部力量。退休后本应安度晚年，但因年老多病，医保问题又长期得不到解决，所以更加重了思想负担。部分同志对生活产生了悲观、失望，面对现实问题令人百思不解。"

看完这些信，不由得心潮起伏，不由得形成一种感受：代际之间也存在社会公正问题。

现在70岁以上的老年人大都是在1966年以前参加工作的一批人。从某种意义上讲，现在的老年人在其中青年时代只有贡献，没有索取；他们对社会直接与间接的贡献极大，而自己获得的却极少，两者不成比例。他们所生活的时代，正值中华人民共和国建立与国家进行初步建设的时期。这批人在其中青年时期责任心极强，有着强烈的为国家为后代造福的意识，富有自我牺牲的精神。在1949年以前的民族独立运动中，这批人作出了巨大的牺牲。在改革开放以前的30年以及改革开放初期的现代化建设中，他们又作出了过度的透支、极度的自我牺牲，将自己的精力、体力甚至是整个命运都无偿、无怨、无悔地交给了国家。像"铁人"王进喜、劳动模范时传祥等等就是这批人中的典型代表。现在的许多老年人身患种种疾病，原因之一便是由于当时身体的过度透支而造成的。如果要做一个代际之间比较的话，那么，中国当下的老年人曾经是最具敬业精神甚至是忘我工作精神的一批劳动者。

改革开放以前，整个中国社会的导向是先生产后生活，因而使得个人收入的增长幅度很低，与社会财富增长幅度不成比例，换言之，国家对于这批人应给予的报酬没有全部到位，中国的老年人当时几乎谈不上进行财富的积累。而且，现在的老年人在其中青年时期不仅收入和生活水准十分低下，而且还要承受沉重的家庭负担。这主要表现在当时的经济人口负担系数较高。

中国现阶段的老年人既没有传统社会的"凭辈分""倚老卖老"的优势，也没有发达社会当中的社会福利优势，甚至没有了以往"革命年代"的工作年限优势。相比之下，只有劣势，只有在年龄、体力、精力、机会、立法诸方面的劣势。更为重要的是，他们面临着他们本来并不熟悉的市场经济所造成的压力，承负着巨大的甚至是不堪重负的多重生活重力，很容易沦入社会弱势群体。

因此，同中青年相比，中国老年人当下的生活处境应当说是比较窘迫的。这主要表现在：其一，绝大多数老年人的收入处在中下等水准以下。老年人当中又有一些具体的差别。同样是在城市，相对来说，机关事业单位的离退休人员生活状况要好于企业的离退休人员，离休人员的生活要好于退休人员。另外，城市的老年人生活状况一般来说要好于农村的老年人。农村老年人的生活恐怕是最苦的。其二，医药状况令人担忧。老年人年老体弱，更容易身患各种疾病，因而医药问题对于老年人来说是极为重要的。本来，老年人的收入就不高，再加上近年来医药价格迅速飙升，这就更使得老年人在看病、医药方面陷入窘境。其三，许多老年人享受不到应有的社会保障。同经济发展幅度相比，中国的社会保障事业表现出一种严重滞后的情形。长期以来，我们对于社会保障重视不够。从某种意义上讲，在新中国成立后30年当中，我们做了许多"前人栽树，后人乘凉"的事情，但在社会保障方面却正好倒了过来，是"前人乘凉，后人栽树"，重视生产性的积累，忽视社会保障的积累，以至于在社会保障方面严重欠账。

应当承认，就总体来说，年长的一代与年轻的一代显然在现实能力和发展潜力方面存在着差别。这样，他们各自对于当世社会的具体贡献肯定是有所不同的。一般来说，由于精力的不同以及知识拥有量的优势，又由于年长者多处于退休的状态，因此，年轻代对于当世社会的贡献要高于年长代的贡献。与之相适应，年轻代的收入等报酬应当高于年长代，这种年轻代的收入只要不超过合理的界限，这种状况应当说是公正的。相反，假如一个社会的实际状况（如传统社会）恰好是与此相反的话，那么，这个社会在这方面肯定是缺乏公正的。

同时必须看到的是，社会的发展过程是通过每一代人的努力来实现的，整个人类的历史就是靠代际之间的合力予以推动的。前代人为后代人提供了一个最为基本的生存和发展的基础。人们总是在前人留下的基础之上开始正常的生活和进行再创造的。现在的老年人也就是当时的社会劳动者，为今日中国的现代化事业奠定了一个十分牢固的基础。显然，代与代之间需要合作，否则，社会就不可能延续。正是从这个意义上讲，每一代人都有自己的义务和责任，代际之间同样也存在着一个社会公正问题。对于已退休的年长者，社会应当按照社会调剂的公正原则给予必要的援助，如提供养老金、提供必要的帮助、建立养老保险及医疗制度供其享用等等。不少国家的经验说明，仅仅是固定化了的退休养老金是不够的。因为，随着整个社会生活水准的提高以及通货膨胀现象的出现，已退休的年长者极易在生活上陷入窘境，成为弱势的社会群体，甚至沦为贫困者。因此，社会有责任通过种种必要的方式使这些已退休者的生活水准能够同当时社会生活的平均水准相适应。唯有如此，才能真正体现出社会对于这批人已经付出的劳动、已对社会作出了贡献的一种承认和回报，才能真正体现出代际之间的社会公正。对此，切不可留下永远的遗憾。

九、是什么观念在妨碍着我们重视社会公正问题

毋庸讳言，目前中国的具体情形是社会发展滞后于经济发展，社会公正已经成为各个阶层所高度关注的一个问题。这些年来，我们对社会公正问题之所以没有给予应有的重视，原因是多方面的。其中的一个重要原因，就是有一些观念或者说是一些根深蒂固的观念在妨碍着我们重视社会公正问题。这些观念主要包括："原始积累不可避免"，"国家财力不足"，"重视公正便会妨碍效率"。所以，要想真正重视社会公正问题，以有效地推动社会建设，就必须对于这些观念进行一番必要的反思。

一是"原始积累不可避免"之说。

这种观念尽管在正式媒体上所谈论的不多，但是不少人在一些小型会议或在私下场所当中谈得比较多，实际的影响面比较大。这种观念认为，欧洲早期的现代化进程是通过"火与血"的原始积累来实现的，而且这种原始积累的过程是任何一个从事现代化建设的国家都不可避免的；中国既然要搞现代化建设，就免不了出现一个残酷的、牺牲多数人利益的原始积累时期，在这样一个时期少数人迅速积累财富和多数人的利益受到损害是必然的事情。

原始积累不可避免之说的误区在于，对于各个国家复杂的历史过程进行不恰当的、简单的类比。由于历史条件和国情的不同，在

欧洲早期现代化进程中出现的原始积累现象在当今中国社会并不见得会重现。其一，同欧洲早期现代化建设时期有所不同的是，随着人类文明的进步，人权保护、平等、以人为本的观念在世界范围内已经深入人心。比如，以往的选举有着种种身份或资格的限制，而现在的选举则排除了一切不合理的限制。再如，保护人权已经写入了我国的宪法当中。在这样的情形下，拒绝一切形式的人为剥夺，已经成为中国社会大势所趋、民意所向。任何形式的剥夺，在社会基本价值观层面上会遭到明确的反对，在现实社会层面上会招致民众的广泛抵触。其二，与以往不同的是，人类已经发明了保护社会成员基本生存条件的基本制度和种种方法。中国完全可以通过社会保障制度，通过税收，有效地实现社会转移支付，使富裕群体的利益增进和弱势群体的生活处境改善两者之间实现同步化，从而避免两极分化现象的出现或加重。虽然中国社会要想完全做到这一点还需要一个过程，但是这个过程毕竟已经开始启动，其前景完全可以预期。其三，同欧洲早期现代化建设时期迥异的是，中国现在以政府为主的公共权力十分强大，拥有很大的资源控制力和调节力，能够在社会公正方面做很多事情。尤其是，作为执政党的中国共产党，其基本宗旨是"立党为公，执政为民"。所以，只要公共权力运用得当，中国可以从长远考虑而避免许多由市场自发性所造成的种种缺陷。比如，可以限制某些群体的不当行为，可以举办社会所必不可少的公益事业，可以防止过大的贫富差距，可以主动地改善基本民生状况，可以有效地扩大内需，等等。其四，一些发展中国家和地区的成功经验也说明了欧洲早期工业化时期的原始积累现象可以避免。韩国和中国台湾地区的发展历程证明，在经济高速发展的同时，只要注重社会公正问题，就能够保持相对的社会公正状态。

二是"国家财力不足"之说。

这种看法认为，现在之所以还不能重视社会公正问题，是因为中国是一个发展中国家，国家的财力十分有限。

公共投入至关重要。一个国家必须通过有效的公共投入，为社会成员提供有效的公共产品，才能实现社会的公正，才能维持社会的安全运行和健康发展。这里，国家拥有必要的财力是公共投入的前提条件。就中国的目前状况而言，随着改革开放以来经济的高速发展，国家的财力也得到了大幅度的增长。2015 年，国家财政收入突破 15 万亿元，土地出让金突破 3 万亿元，外汇储备已经超过3 万亿美元。就实现中初级或基础性的社会公正而言，国家的财力条件已经完全具备。

显然，就现实情况而言，国家的财力问题已经得到了初步的解决，已经不能成为不重视社会公正的理由。问题的症结不在于国家是否拥有了一定的财力，而在于目前中国公共投入优先顺序的明显颠倒。本来，对于公共投入优先顺序的安排来说，基本的民生需要问题属于基础者，应当放在最为优先的位置。所以，就公共投入的顺序而言，应当以民众基本的需求为基本着眼点，应当以民生问题为优先。但是，就中国现在公共投入的优先顺序而言，呈现出一种明显颠倒的状况，很不正常。一方面，中国在一个较长的时间里，用于基本民生方面的公共投入比例较小，与世界各国和地区相比居于后列的位置；另一方面，中国用于豪华型城市建设和豪华工程建设的公共投入却是高居世界第一。

可见，如果中国目前公共投入的优先顺序得以适当的矫正，那么，即便是在国家财力现有的条件下，也能够使中国的社会公正程度得到大面积的、大幅度的提升。

三是"重视公正便会妨碍效率"之说。

这种看法认为，中国目前必须将效率放在第一位，所以，重视社会公正问题必然会妨碍经济发展的大局。

　　这种看法的第一个误区在于错将社会公正与平均主义混为一谈。平均主义固然是与效率相悖的观念，但是这并不意味着社会公正同样与效率相悖。平均主义的本质是削高平低，强调社会成员生活状态的相似和均等。平均主义如果得以盛行，必然会形成一种多数人剥夺能力强、贡献大的少数人的局面，从而损伤了这个社会的活力。问题在于，真正的、现代意义上的社会公正并不是平均主义，而是一个同现代社会和市场经济相适应的基本价值体系。社会公正是现代社会的制度设计和政策安排的基本依据，其精义是强调给每个社会成员他（她）所应得，强调每个社会群体和每个人"各尽所能、各得其所"。社会公正是由对社会成员基本生存条件予以保护、机会平等、按照贡献进行分配以及社会调剂这样几项基本规则构成的有机体系。在社会公正基本规则体系当中，任何一项都是不可缺少的，都具有特定的重要功能，而其中的机会平等规则和按照贡献进行分配规则是一个社会提升效率、激发活力所必不可少的。

　　这种看法的第二个误区在于没有看到，现在的效率出现了一些问题，恰恰是因为在社会公正方面做得不够好。就经济的直接推动力而言，无非是来自三个方面，即：出口拉动、投资拉动和消费内需拉动。由于中国是一个大国，所以在这三项拉动力当中，消费内需拉动的作用又要远远超过其他两项拉动力。目前中国的经济出现了一些令人担忧的迹象：消费率长期萎靡不振。而中国经济之所以缺乏持续的消费内需推动力，一个重要的原因就在于对于社会公正不够重视，致使中国的社会结构层面上出现了一些问题。比如，中国现在城市中的中等收入人群比例过小，只有20%多一点，而低收入群体和中低收入群体所占的比例高达70%多，致使民众购买力严重不足。于是，中国现在出现了一种似乎是十分矛盾的现象，一方面大量的耐用生活物品的生产能力过剩，另一方面却是许多社会成员买不起基本的耐用生活物品，或者是为了防范未来的风险而不愿将手头的资金用于日常消费。显然，解决中国经济发展的持续推动力的关键，在于实现中初级的社会公正，建立起基础性的社会保障体系，大幅度减少低收入群体成员的人数。如果这项任务能够完成，便可以不但直接增强消费内需拉动力，而且还可以通过建立起基础的社会保障体系，使大量社会成员生活的后顾之忧得以解除，从而间接地增大对日常消费的投入，扩大内需拉动。

显然，为了有效地解决社会公正问题，就必须摒弃"原始积累不可避免""国家财力不足""重视公正便会妨碍效率"等有害的观念。

十、防止对社会公正的误读

在中国现阶段，随着改革发展进程的推进，随着社会利益结构调整的深入，社会公正问题日益凸显，成为影响中国发展全局的关键问题。社会公正不仅是基本制度安排的基本依据，更是同广大民众的切身利益息息相关并为社会各个群体所高度关注的重大事情。

正因为社会公正具有如此重要的意义，所以，准确地理解社会公正理念便成为一件十分重要的事情。就此而言，要特别防止对社会公正的误读。对于社会公正理念一旦误读，就不可避免地会出现差之毫厘、谬以千里的情形，进而导致人们对社会公正问题的误判。进一步看，在误读误判基础之上所形成的制度安排及政策必然会有严重的偏差。如是，势必造成社会现实层面的严重负面效应。

对于社会公正的误读可谓多种多样，其中较为常见的，主要有以下三个：

误读1：对弱势群体有利的事情才是公正的事情。

合理的解释应当是：真正的社会公正并非只是对哪一个特定群体如弱势群体有利，而是对社会的各个群体都有利。

在一个以人为本的现代社会当中，共享社会发展成果是社会发展的应有之义。在市场经济和现代社会条件下，如果存在着大量的弱势群体成员，则意味着这个社会的宗旨出现了大问题。而且，如果弱势群体人数在增多，处境在不断恶化，则意味着这个社会的整合团结出现了严重问题，社会激烈冲突的可能性在增大。而一旦社会出现动荡局面，对于社会各个群体来说，没有赢家，都是输家。正因为如此，消除贫困，改善弱势群体的处境，维护弱势群体成员的基本权利，便成为维护社会公正的一项重要的基础性内容。

改善弱势群体处境，维护弱势群体成员基本权利固然极为重要，但并不意味着这是社会公正的全部内容。社会公正面对的不是哪一个特定的群体，而是社会的各个群体。维护和促进社会公正是要实现社会各个群体"各得应得"的公正对待。

这里，必然要涉及一个更为重要的问题，亦即社会公正的基本立足点问题。就缔结社会的意义上讲，每一个社会成员的贡献都是不可缺少的。离开每个具体的社会成员，社会便无从谈起。也正是在无数社会成员所构成的基础之上，社会具有了人的种属尊严，相应的，每一个社会成员也由之具有了人的种属尊严。无论是从缔结社会的角度讲，还是从人的种属尊严的角度看，社会成员之间理应是平等的。同时，社会的正常运行和健康发展有赖于必不可少的社会合作。每一个社会成员都归属于某个特定的职业群体，从事特有的职业分工，每一个社会群体由之具有了不可或缺性。既然每一个社会成员都是平等的，每一个社会群体都是不可缺少的，所以，社会公正的基本立足点应当如是情形：社会应当站在社会整体的角度，以维护每一个社会成员的基本权利为出发点，不管这个人是贫困者还是富人，是男子还是女子，是老年人还是年轻人，等等，只要属于基本权利的事情，就应该得到一视同仁的保护，而不能厚此薄彼，不能"偏心"于某个特定的群体。

既然社会公正是要维护每一个社会群体的基本权利，这就意味着：正如弱势群体有着自己平等的基本权利一样，其他社会群体也有自己平等的基本权利。正如别的群体不能以损害弱势群体的合理利益为必要前提来增进自身利益一样，社会在改善弱势群体处境、维护弱势群体基本权利时同样也不能损害别的群体的合理利益。一个社会固然要不断地扶贫济困，改善弱势群体的生活处境，不断提升全体人民基本生存和尊严的底线，同时也要不断拓展社会各个群体自由发展的空间，激发社会各个群体包括"优势群体"的活力和创造力。如是，对社会公正的追求，方能做到既促进了社会的团结整合，同时又有效推动了社会发展。显然，如果只是强调改善弱势群体是社会公正的主要内容，那么，便是过犹不及，以偏概全。重要的是，这种片面导向的持续进行，便会不可避免地催生平均主义甚至是民粹主义现象的出现，损害其他群体的合理利益，造成不公现象，从而给社会带来始料不及的严重危害。

误读 2：社会公正主要是一个收入差距的问题。

合理的解释应当是：收入差距状况是社会公正状况的一个带有一定综合性的直观表现，但社会公正问题所包含的内容十分广泛，远远不是收入差距状况所能涵盖的。虽然收入差距状况如基尼系数能够用来从某个侧面描述社会公正的某种具体状况，但远远不能解释社会公正的全部或基本状况。

收入差距状况说明不了社会成员努力的机会条件是否公正合理。社会公正的一项重要内容就是机会平等，亦即：凡是具有相同能力和相同意愿的人，其发展前景应当是大致相似的。为此，社会流动包括垂直流动和水平流动的渠道应当是开放畅通的。唯有如此，一个社会方能充满活力和创造力，进而才有可能得到持续发展。任何群体任何机构不能人为地设置障碍，造成注重"利益固化的藩篱"，来妨碍人们的自由发展。显然，对于社会成员机会条件的公正与否，收入差距状况难以予以有效说明。

收入差距状况难以准确说明初次分配结果的公正与否。在现代社会和市场经济条件下，初次分配的公正规则理应是按照贡献进行分配，即：初次分配应当按照社会成员贡献的大小来进行分配。在社会经济的创造活动中，社会成员的贡献是不同的。这种不同体现在，社会成员在劳动投入量、资本投入量以及技术等方面大小有别。社会财富的初次分配就应当按照贡献的大小进行有所差别的分配。尽管这种分配的结果会造成收入及财产上的差异，但这种差异是公正的，况且在这种差异的基础之上还要立足于社会整体利益进行再次分配，从而弥补了初次分配可能的弊端。相反，如果只是强调结果的相似，强调外观上的收入差距较小、基尼系数较低，倒有可能是不公正行为所造成的。如果不是按照贡献进行分配的公正规则进行初次分配，那么就不可避免地造成如是不公情形：一部分社会成员"不劳"或"少劳"，对社会贡献较小，却得到了同贡献较大的社会成员相似的收入。比如，在平均主义盛行的年代，人们无论干多干少，其初次分配结果都是相似的，而且在社会的表面上却形成了一种收入差距较小，基尼系数较低的情形。实际上，这是另一种形式的不公正和剥夺，是劳动贡献较小的人对劳动贡献较大的人的一种剥夺。显然，如果只是将收入差距较小这样一种表面情状当作是公正的目标，那么，其中所隐含的危害是比较大的。

误读 3：社会公正只是一个相对的事情，没有绝对的社会公正。

合理的理解应当是：社会公正既是一个相对的事情，同时也是一个绝对的事情，是相对和绝对的统一体。

有论者认为，社会公正更多的是一种理想，一种应然的事情，公正在现实社会当中只能是一件相对的事情。在现实社会当中，社会公正是不可能得以真正实现的。发展是压倒一切的事情，不能以任何名义包括以追求社会公正的名义耽误发展。在中国现阶段，如果重视社会公正，那就会脱离具体的历史条件，成为一项不可能完成的任务，而且还会分散人们对发展的注意力，对发展产生不利的负面影响。

这种看法的错误在于，它没有看到，在一个社会当中，正如不存在完全绝对的社会公正一样，同样也不存在完全相对的社会公正。社会公正固然是一件相对的事情，但同时也是一件绝对的事情。同万事万物包括发展一样，社会公正是绝对与相对的统一。列宁指出，"主观主义（怀疑论和诡辩论等等）和辩证法的区别在于：在（客观）辩证法中，相对和绝对的差别也是相对的。对于客观辩证法说来，相对中有绝对。对于主观主义和诡辩论说来，相对只是相对，因而排斥绝对"（列宁：《谈谈辩证法》）。从世界范围看，凡是社会公正做得比较好的国家和地区，都是在一个个具体的、"相对"的时代条件下，逐步地使该国或地区社会公正的"绝对"成分不断得以增加，使社会公正的"绝对"水准得以不断提高。

我们应当本着"尽力而为"和"量力而行"这两项相辅相成的原则来维护和促进社会公正。社会公正是相对和绝对的统一体的道理告诉我们，应当顺应历史发展的趋势，不能以社会公正的相对性为借口回避、拖延对社会公正的维护促进，而是应当基于尽力而为的原则，促使社会公正的增量因素得以不断地、可持续地积累，使社会不公正的存量因素得以不断地减少。在中国现阶段，社会公正问题已经成为事关中国发展全局的重大问题。显然，就社会公正的维护和促进这一时代重大任务而言，我们现在已经不能以任何借口予以拖延。同时，要本着量力而行的务实精神，基于现实的经济水准，制定具体可行的阶段性目标，有效地促进社会公正。唯有如此，方可既积极维护和促进社会公正，同时又能够避免超出特定的时代条件，不切实际地追求应然的社会公正目标，以至于造成欲速不达的负面效应之做法。比如，在中国现阶段，基于现有的经济水准和财政力量，就社会公正的促进而言，完全能够建成一个中初级的民生保障体系，即中低水准、全面覆盖、逐渐增进的民生保障体系。

十一、社会公正的两个基本边界

社会公正就是要给每个人他（她）所"应得"。而所谓"应得"的范围应当有一个合理区间。进一步看，这个合理区间的下限应当是社会公正的底线边界，其上限则应当是社会公正的"限高"边界。一个社会在公正方面，如果达不到下限边界，属于缺乏起码的社会公正；相反，如果突破了上限边界，则属于"滥用"公正，过犹不及，造成了新的不公现象。这两个边界缺一不可。只有在两个边界之间的事情，方为社会公正的事情；只有在两个边界之间的社会，方为公正的社会。

社会公正的第一个边界——底线边界：维护人的尊严。

随着中国现代化进程和市场经济进程的推进，社会成员的基本理念发生了巨大的变化，个性意识（个体人意识）以及与之密切相关的现代平等理念开始形成，相应地，以往所极为看重的"阶级尊严"逐渐过渡到了"个体人尊严"；同时，又由于中国社会正处在急剧转型的时期，新型的社会经济政策不可能一步到位，新旧社会经济制度及政策在短时间之内难以迅速整合，经济政策与社会政策之间也存在一种明显的不协调的情形，致使许多社会成员处在一种弱势的状态之中，处在一种受歧视的状态之中，进而使这些社会成员对于自身的尊严问题更加敏感。这两方面的情形使得人的尊严问题成为中国社会一个越来越凸现的问题，使得与之密切相关的个体人基本权利的维护成为一个越来越迫切的现实问题。

有媒体报道，一些困难企业职工至今还住在"上无片瓦，下无块砖"、透风漏雨的窝棚里，居住环境恶劣。在某市社区，记者看到一片用油毛毡遮盖的窝棚。这是某省冶建的职工宿舍。记者走进退休工人姚某的家，屋檐只有一人多高，房内潮湿灰暗，两面用篾片与另两户困难职工家隔开。墙角摆着五六只大大小小的塑料盆，姚某的妻子告诉记者，那是下雨天接漏雨用的。每到下雨天，屋外下大雨，屋内就下小雨。为了睡觉有块干地方，他们只得在床上吊着一块雨布。冬天即使不下雨，外面刮寒风，人睡在屋里半天也暖不过来。时近中午，姚某的妻子挑选着从外面捡来的发黄的菜叶对记者说，"吃好吃坏倒没什么，能活下去就行了。我已经受够了雨淋的苦，最大的愿望就是过年老天爷不下雨，让我过个干爽年"。现在该省冶建还有100多户困难职工家庭，400多人住在这样的窝棚里，一下雨，家里都漏得一塌糊涂。

网上曾刊载了这样一幅照片。在大街上，一位不知是下岗工人还是民工坐在椅子上，旁边是他的妻子正在哭泣，椅子后面的砖墙上贴有一张说明，上面隐隐约约地写着："欢迎你参加有声的打游戏"，"本人脸……（字迹不清）……一次……2元"，"机不可失"。

显然，在极度贫困的条件下，人的尊严不可能得到维护，相应的，人的基本权利也得不到保证。

在人尚未脱离动物界的时候，是谈不上尊严的问题。一旦人脱离了动物界而具有了人的自我意识之后，人便具有了人的种属尊严（"类尊严"）即"人的尊严"。人的尊严感、人的尊严程度是随着社会的逐渐进化而逐渐形成和增强的。人的种属尊严存在于每个人那里，是通过每一个具体的社会群体、每一个具体的个体人体现出来的。

在现代社会和正在走向现代社会的国家，这种尊严更是应当为每个人所具有，应当为整个社会所重视。社会共同体中的每一个成员都应当具有同样的尊严、同样的基本权利。

必须看到，对于中国等发展中国家来说，由于文明的成长需要一个过程，因而不宜笼统地完全以发达社会的人权标准来衡量。但无论如何，生存权、就业权、受教育权以及社会保障权等基础性的基本权利必须得到保护。

具体到中国社会来说，受种种条件的限制，要在短时间内迅速建立起系统的维护社会成员基本权利的制度和政策，显然是不可能的。但是，当某些条件已经存在，能够去做一些必需的事情却不去做，那便是失职。中国对于人的基本权利的维护问题已经到了必须认真对待的时候了，不能以任何理由继续地延缓下去，否则中国将会因此而付出更为巨大的代价。

社会公正的第二个边界——上限边界：过犹不及。

每一个社会成员的基本尊严和基本生存条件都应当得到维护和满足，这是社会公正原则最为起码的边界，是公正的底线。任何一个层面上的社会成员的基本生存和基本尊严如果得不到必要的保证，那就意味着整个社会的尊严受到了损害，同时也意味着社会没有履行好自己最起码的职责，没有实行最为基本的社会公正的"底线保证"原则。

问题在于，在实施社会公正的"底线保证"原则时，不应超过合理的限度，不应越过一定的边界，否则，便造成了新的社会不公现象。此类问题虽然目前还不是中国社会中主要的不公现象，但是也会产生诸多的社会危害。为了说明这一点，不妨先来看一下两个事例。

前些年，北京有媒体热衷这样一件事情。一个聋哑女孩，为筹措出国留学费用，同一家好像是生产空气净化器的企业联手在一家商店进行"义卖"活动。由于所获不多，因而该媒体对世人的同情心便有了一些异议。实际上，这件事情已经超出社会公正的范围，已经超出社会公正的上限边界。假如这个女孩在国内上不起小学或中学，无法完成国家规定的"义务教育"，那确实需要政府和社会的帮助。但问题在于这个女孩是想留学。须知道，子女出国留学，对于大部分工薪家庭来说都不具备此项能力，都需要多方筹措才有可能遂愿。打一个比方，这种做法就好比一个想坐小汽车却又无力购买的人，通过向其他只是拥有自行车的人"募捐""化缘"来筹集款项。显然，这属于一种为自己集资的行为，说得重一点，这是一种变相的圈钱行为。

无独有偶。听友人讲起过国外的一个事例。南太平洋一个非常富裕的国家，对待移民的政策十分优惠。中东某国有一壮年男子举家迁徙定居此国，成为移民。该男子有 3 个妻子，6 个孩子。东道国为之在风景优美的海边提供了一处住所。移民局的官员为之找了多次工作机会，该男子以种种理由予以拒绝。这就苦了该国移民局的官员。按照这个国家社会福利政策的规定，移民局不但要负担 4 个成年人的日常生活费用，更为有苦难言的是，每天还要雇 6 个保姆照看其 6 个孩子。这 6 个保姆每天早晨将这 6 个孩子领走，白天照应，晚上再送回。该男子以失业者的身份心安理得地领取失业救济金。这位壮劳力每天所做的主要事情就是同 3 个妻子打牌，正好 4 人一桌，共享大好时光。要知道，政府并不是经营单位，所以，这一家 10 口人的生活费用恐怕需要多个中等收入的劳动者通过交税予以承担。

显然，社会公正的"底线保证"原则应当有一个边界而不能逾越。这个边界是：其一，当事人的基本生活水准达不到社会所认可的基本生活标准。如若已经达到，则不适应于社会公正的"底线保证"原则。当然，这里所说的"基本标准"不应被人为地降低。其二，有劳动的机会，同时当事人的身体状况正常而且又处在"劳动年龄"的时期，不得拒绝劳动的机会。

越过上述边界的行为会产生十分有害的社会负面影响。这至少表现在：其一，直接损伤了社会公正的另一个重要原则即按照贡献进行分配的原则。毫无疑问，一旦越过社会公正"底线保证"原则，便会助长一种不劳而获或"少劳多获"的"寄生"意识和行为。而"寄生"的意识和行为也是一种不公的社会现象，是同现代化及市场经济准则相背离的。它是另一种类型的剥夺和不公，是对社会没有贡献或贡献较小的人对贡献较大的人的剥夺，是对他人劳动成果的一种无偿占有。其二，使真正需要援助者难以得到必要的帮助。对其他社会成员进行各种理由不正当的"集资""化缘"的举动，实际上是滥用人们的同情心和公正意识，其结果必然会使很多社会成员对于真正需要援助的贫困者产生一种麻木的心态，从而程度不同地降低社会对于真正贫困者的援助力度和援助质量。其三，削弱了社会发展的活力。一方面，使当事人的劳动潜能得不到应有的发挥；另一方面，挫伤了非当事人的劳动积极性，于是整个社会的活力便会被削弱。这种情况，在改革开放之前的中国社会以及现在许多的发达国家当中，都已得到了充分的验证。

十二、宜区分两个层面上的社会公正问题

公正和效率的关系问题是 20 世纪末 21 世纪初之交中国所关注的一个重要话题。不过，需要引起人们注意的是，人们在谈论公正与效率的关系问题时，往往只是将之归于一个层面上的问题，即：只是从具体政策的层面上亦即公平和效率两者关系的层面上来分析社会公正问题的意义。这种做法不够全面，也容易引起一些误解和不必要的争论。实际上，社会公正的意义表现在基本制度安排和具体政策制定这样两个层面上，对于这两个层面上的社会公正问题不宜混淆。

社会公正的第一个层面上的问题是，现代社会在基本制度设计和安排方面，必须以社会公正理念为基本依据和基本出发点。一个社会的"正常运转"有赖于体系化的规则体系的存在，而一个社会中最为重要的规则体系就是制度。就制度的设计与安排而言，需要有基本的价值理念作为其依据。在现代社会，制度设计和安排的基本价值理念依据只能是社会公正。所以，现代社会当中基本制度的设计与安排，必须以社会公正理念为依据，否则便会成为一个"不定型"的社会，或是一个畸形化的社会。只有通过基于社会公正理念的制度安排，社会的各个阶层和利益群体才能实现良性的互动，才能形成有效的、持续的整合与合作。通过对社会成员基本权利和基本尊严的保证，通过必要的社会调剂，

社会各个阶层之间的隔阂可得以最大限度地消除至少是缓解，进而可以减少社会潜在的动荡因素。一个社会只要能够提升其公正的程度，那么，社会问题出现的种类与强度均会减少和减小，同时社会也可以增强解决已经出现的社会问题的力度。比如，只要一个社会有效地实施公正的社会调剂规则，就会使中等收入群体成为社会的主流群体，成为一种维护社会安全运行的强大力量。更为重要的是，只有通过基于社会公正理念的制度安排，现代社会才能使绝大多数社会成员都受益，从而实现真正意义上的发展，避免只有少数人受益的"有增长无发展"的情形；同时，可以充分激发各个阶层以及绝大多数社会成员的潜能，使社会成员按照各自具体的贡献得到有所差别的回报，从而在总体上杜绝平均主义出现的可能性。

显然，基于社会公正理念的制度安排是现代社会的基本制度安排，它涵盖了现代社会当中所有的制度安排包括公正的经济制度、公正的社会制度和公正的政治制度等。在此层面上，社会公正问题是最为重要的，不存在着公正与效率何者优先的争论问题。对此，不宜作功利性的理解和短期化的修正，否则便背离了现代社会的基本制度安排。

社会公正的第二个层面上的问题是具体的政策制定。这主要涉及我们经常谈论的公平与效率的关系问题，也就是在不同的历史时段当中经济效率和分配再分配两者的份量孰轻孰重的问题。由于在不同的历史时段可供社会再分配的财富不尽一致，由于社会经济各个环节不可能保持完全一致的"均衡发展"，由于公众在不同的历史时段的具体需求有所差异，所以，在某个具体的历史时段当中公正与效率便会出现难以完全兼顾的问题。在这样的情形下，有必要突出地或重点地解决公正或效率的问题。正是从这个意义上讲，在不同的历史时段中具体政策的重心往往会出现有所偏重的情形。比如，在中国的市场经济初期阶段，为了从根本上消除计划经济体制和平均主义的影响，倡导"效率优先兼顾公平"的政策取向是具有历史进步性和历史合理性的。

需要注意的是，尽管在某个历史时段偏重于效率的政策取向是必要的，但是应当看到的是，这种具体的政策取向是有底线的。这个底线就是，不能损害公正的基本制度安排。比如，社会保障制度是一项基本的制度安排，直接体现了社会公正。发达国家的政府和公众经常争论社会保障的投入比重问题，争论阶段性的比重安排是否合理、应当如何进行合理的调整的问题等等，担心投入过大的社会保障会影响经济效率的提高、降低社会的发展活力，而且过于平均主义的社会保障制度也会损害社会公正的基本要求。但是，却很少有人对社会保障制度本身的公正性和合理性提出质疑。显然，在具体政策层面上看重效率的做法有一个基本的前提，这就是社会公正第一个层面上的问题亦即基于社会公正理念的基本制度安排的问题已经解决或基本解决。

弄清两个层面上的社会公正问题很有必要，可以避免无谓的争论，避免常识上的误区，从而有助于我们准确、合理地把握社会公正问题。诚如前面所谈及的那样，不同历史时段种种条件的不一，使得时代任务的侧重点不尽相同，因而在政策层面上出现公平与效率关系的争论是正常的，也是不可避免的。相较之下，社会公正在基本制度层面的根本意义则是不容质疑的，不存在争论的可能性。如果将政策层面上社会公正问题的争论延至基本制度设计层面，将是十分有害和危险的。如是做法，将会以某个历史时段可以变通的政策取代具有极大稳定性的基本制度安排，以手段代替目的。这将造成基本社会结构以及基本经济制度的畸形化，为未来留下极大的问题，并增大将来纠错的成本。如此看来，目前有关"效率优先兼顾公平"的争论不应延至基本制度层面。况且，在贫富差距过大问题日益加剧、社会弱势群体问题日益严重以及种种由此引发的社会问题日益凸显的情形下，即便是在政策层面是否应当依然倡导这一取向，也有必要进行深入的反思。

十三、"效率优先兼顾公平"提法之误

中国在改革开放初期，由于长期深受平均主义之害而急于将之消除，由于对现代化和市场经济规律的认识程度十分有限（用当时的话叫作"摸着石头过河"），由于当时社会迫切需要大力发展经济和摆脱计划经济体制束缚等种种原因，人们简单地以为，经济增长是社会进步的自然推动力，只要把经济搞好，其他方面就会自然而然地得到进步。在这样的情形下，强烈的经济利益冲动几乎成为一种社会风气，事关经济发展的问题几乎是一面倒，几近成为压倒其他一切事情的行为取向。类似的观念和行为取向，如果用当时20世纪90年代的某种提法来概括的话，那就是"效率优先，兼顾公平"。在这种情形下，"效率优先，兼顾公平"便成为中国一个时期中特定的发展理念。

这一提法先是由知识精英群体成员在20世纪90年代初期进行仓促、简单的学理论证并迅速提出，继而为政治精英群体成员所接受，更为经济精英群体成员所广为赞同。

"效率优先，兼顾公平"提法是在中国特定的历史条件下形成的。当时，中国真正的现代化建设刚刚开始，中国社会的市场经济因素只是初露端倪，而"效率优先，兼顾公平"的提法恰恰是顺应了这一历史发展的趋势。在这样一种情形之下，这一提法具有一定的历史合理性。当时，这一提法尽管还不能说是一个最佳方案，但可以说是一个次优方案，对于推动中国社会经济的发展具有十分重要的现实意义。其一，有助于人们冲破原有的计划经济体制的束缚，确立经济领域在整个社会经济生活中的重要地位，并形成市场经济体制。从一定意义上说，中国原有的计划经济体制是一种行政的、"人为的"经济体制。而"效率优先，兼顾公平"的提法则强调经济在整个社会经济生活中的中心地位，反对经济的从属性地位；强调经济发展自身的自主性，反对行政权力对于经济全面而直接的干预；强调社会成员经济利益的极端重要性，反对以任何借口来漠视经济生活。这样，便从理论依据的层面上否定了计划经济体制存在的"合法性"，提高了经济在整个社会生活中的位置，普遍增强甚至是强化了社会成员的经济意识，从而有力地消解了计划经济体制并有力地推动了中国市场经济体制的建立。可以这样说，中国市场经济体制的确立过程同"效率优先，兼顾公平"的取向是密不可分的。其二，有助于冲破和消解平均主义式的、绝对的平等观。改革开放以前，中国社会所认同的是一种平均主义式的、绝对的平等观。这是一种畸形的平等观。"效率优先，兼顾公平"的提法则体现了一种与绝对的平等观完全不同的观念。这一提法旨在充分地调动每个社会成员的积极性，多劳多得，将分配状况同每个人对于经济效益的实际贡献直接联系起来。由于这一提法认可社会成员之间在分配方面可以存在着明显的差别，因而也就相应地会认可社会成员在生活状态方面应当有着明显的差别。尤其重要的是，"效率优先，兼顾公平"的提法在中国实际的社会经济生活中付诸了实施，对于中国的改革开放过程产生了重要的影响，因而从根本上冲击、消解了平均主义式的、绝对的平等观。正是从这个意义上讲，在中国形成与市场经济相适应的、现代公正理念的过程中，"效率优先，兼顾公平"的提法是一个必要的过渡，是一个必不可少的重要环节。其三，直接推动了经济精英群体的形成。由于改革开放以前多年坚持的"以阶级斗争为纲"做法的影响，经济精英群体特别是私营企业主群体存在的合法性问题是一个十分敏感的问题，其生存和发展面临着众多的禁锢。这一问题如果解决不了，经济精英群体的健康发展乃至社会经济的健康发展将是不可能的。正是在"效率优先，兼顾公平"政策取向等多种因素的积极影响下甚至是矫枉过正政策的推动下，这一问题最终得到了解决。在20世纪90年代，也就是"效率优先，兼顾公平"提法最为盛行的时候，恰好是中国经济精英群体——职业化企业家群体——特别是民营企业主群体得以初步形成的时期。

应当看到，"效率优先，兼顾公平"的提法严格说来只是一个有效的策略性的提法，其自身包含着一些明显的局限，而不可能成为现代社会的基本发展理念。大致地看，"效率优先，兼顾公平"提法的主要症结表现在以下几个方面：

第一，没有看到以人为本基本理念的极端重要性。

以人为本是现代社会的基本理念。以人为本强调发展的基本目的是为了人，是为了全体社会成员。人是发展的立足点和落脚点。只有以人为本位，方可解决社会经济发展的最终目的这一根本性的定向问题。在现代社会的条件下，以人为本的发展应当具体表现为实现人人共享。既然社会发展的基本宗旨是为了绝大多数的人，那么，人人共享就必然成为社会发展的基本价值目的。相比之下，经济是实现发展基本目的的基本途径和基本手段，是从属于前者的，经济本身不可能自发地解决社会发展的基本定向问题。而"效率优先，兼顾公平"的提法将经济效益问题放到了一个过于绝对化的位置，实际上是将之视为发展的基本目的，将发展的目的和手段的关系颠倒开来。

第二，没有看到发展是一个整体化推进的过程。

"效率优先，兼顾公平"的提法显然是把经济放到了一个无以复加的地步，几乎成为全部发展的代名词。这是一个对于经济非常片面和肤浅的理解，也是被大多数国家和地区发展经验已经证明是错误的做法。随着发展进程的深入，社会的分化愈来愈明显。社会的各个层面、各个环节愈益复杂化，其分工愈益明显。重要的是，社会同时呈现出一种日益加强的整合趋势，社会的各个层面、各个环节之间的相互依赖、相互制约、相互促进的有机性日趋增强。社会中的任何一个层面或环节如若脱离其他层面或环节的有效支援就无法存在与发展。因此，不存在单方面突进、单方面长足发展的可能性。发展是社会各个层面、各个环节如政治、文化、教育、社会事业等各方面的协调并进与全面发展，发展是整体有机的推进。社会当中任何一个层面、任何一个环节的迟滞都会影响到整个社会的发展。从这个意义上说，与其说发展的速度、规模及效益决定于发展过程中最快的那一个层面与环节，倒不如说是决定于发展过程中最迟缓、最薄弱的那一个层面与环节。正因为如此，所以，如果长时期停留在"效率优先，兼顾公平"提法的层面，必定会延误发展的全面推进。

第三，造成现代政府主要职能的错位情形。

如果说"效率优先，兼顾公平"对于经济精英群体来说还多少有些道理的话，那么对于政治精英群体来说则是一个有严重误差的提法。在现代社会和市场经济条件下，政府的定位应当是公共服务型政府，其主要职能应当是维护社会公正，改善民生，确保社会经济的安全运行和健康发展。但是，长期以来我们并没有看到这一点。在改革开放以前，我们在尽力扮演一个"全能型政府"的角色，试图事无巨细地统领经济、社会、政治等各个方面的事情；而在改革开放以后很长的一段时间，我们又在试图扮演一个"经济型政府"的角色，而取代企业家群体以及相关职业群体的位置。"效率优先，兼顾公平"就是一个"经济型政府"职能定位的明确表述。客观地看，在改革发展初期，中国的市场经济刚刚起步，社会缺乏一个职业化的企业家群体，再加上当时现代化的经验不足，对于现代政府的合理定位缺乏应有的认识。在这样的情况之下，政府不得不同时也乐得扮演着一个市场经济直接推动者和建设者的角色，对具体经济事务的干预必然会过多一些。既然对经济事务进行过多的干预，因而也就必然地会轻视公共事务事宜。这也是没有办法的办法，具有一定的历史合理性。但问题在于，当市场经济发育到一定阶段，政府理应逐渐从具体的经济事务当中退出，退到以维护社会公正为己任的合理位置，否则，便会对市场经济和社会结构的健康发展产生十分不利的影响。

总之，"效率优先，兼顾公平"是一个适应于市场经济初步形成时期的提法，曾经对中国社会经济的发展起过十分重要的积极作用，但是其自身有着明显的局限性。正是这些局限性的存在，使得"效率优先，兼顾公平"的提法不利于中国现阶段和未来社会经济的安全运行和健康发展，不利于社会公正的维护和促进。所以，时过境迁，我们应当本着与时俱进的精神，对之作出必要的矫正。

纵观任何一个成熟的或者是正在走向成熟的现代社会，无不是将社会公正放到了一个至关重要的地位，而不是一个"兼顾"的位置。如是做法，对于我们恐怕不无启示的意义。

十四、不能低估中国的收入差距问题

在中国目前种种社会不公正现象当中，过大的收入差距已经成为一个比较突出的问题。这一点，从基尼系数、城乡居民收入差距、地区之间居民的收入差距以及富裕群体所占有的财富比例等几个指标中可以比较清晰地显示出来。比如，根据国家统计局公布的数据，中国十几年来的基尼系数分别为：2003年0.479，2004年0.473，2005年0.485，2006年0.487，2007年0.484，2008年0.491，2009年0.490，2010年0.481，2011年0.477，2012年0.474，2013年为0.473，2014年为0.469，2015年为0.462。而按照许多学者的测算，中国现在实际的基尼系数已经超过了0.5。可见，不论从哪种统计口径看，中国的贫富差距过大已经是一个不争的事实。

问题的重要性在于，对中国目前的收入差距来说，还有着更多的、不可忽视的、加重性的重要影响因素（参数）。正是这些加重性重要影响因素的存在，使得中国现阶段的收入差距现象更加严重。客观、全面地来看，如果说中国的收入差距现象在某种条件下被夸大了的话，那么，在更多的情况下这一现象以及由此所造成的种种问题被人们明显地低估或掩盖了。

这些对于收入差距现象具有加重性重要影响的因素（参数），主要表现在以下几个方面：

第一，灰色收入现象比较明显。

目前，由于规则体系的不健全，使得灰色经济在中国的社会经济生活中占据比较重要的位置。中国现阶段的灰色经济是一个十分庞大的数字。大量的灰色经济必然会产生大量的灰色收入。而在大量的灰色收入当中，人数少却居于优势位置的社会群体必定会占据一个高比例的份额。这样一来，中国社会的收入差距问题必定会被加重。现在公布的中国基尼系数一般为 0.47 左右。如果再将灰色收入的因素考虑进去，中国目前的基尼系数当在 0.5 以上。

第二，不同社会群体所拥有的资产之间的差距扩大速度过快。

现在人们对于收入差距问题的关注，多是从现有收入差距的角度着眼。实际上，居民在资产方面的差距也是衡量收入差距状况的一个很重要的方面。一般来说，当人们的温饱问题解决以后，对于日常耐用消费品以及住房等固定资产的需求程度将会越来越高。对于中低收入者来说，购买日常耐用消费品以及住房等固定资产支出的大幅度加大，意味着其基本的生活成本大幅度增加。而对于高收入者来说，在住房等固定资产方面的优势，虽然也意味着其生活成本的增加，但同时更意味着其资产收益的增加和资产变现能力的提高。比如，在现代化进程快速推进的条件下，许多城市居民所拥有的房产财富会出现一种迅速增值的现象。20 世纪 90 年代中期至 21 世纪初期，许多城市居民尤其是许多政府及事业部门的职工以及一些效益较好的国有企业的职工通过房改，以相对较小的成本拥有了自己的住房，一些单位的职工甚至有了两套以上的住房。在房价迅速飙升的背景下，这些住房的增值幅度极大。于是，这些为数不少的城市居民同其他群体成员在家庭财富尤其是其中的不动产方面拉大并将继续拉大差距。由于房产等不动产财富在一个家庭总财富当中所占的比重很大，因此，在一段时间内，城市居民之间在家庭财产方面的巨大差距不但难以缩小，而且还将加重整个社会在财产方面的基尼系数状况。由此可见，在一个社会当中，居民之间如果在资产方面存在着较大的差距，那么，对于这个社会长期的不公正态势客观上将起着一种明显的维持和加重的作用。

第三，富裕群体财富积累的惯性效应。

中国率先富裕起来的社会群体由于已经拥有了优厚的资本、丰富的市场经济经验以及良好的人脉网络，因而仍然能够在经济快速发展过程当中分享到更多份额的蛋糕；而且，许多相对落后的地区为了尽快实现本地经济的起飞，仍然会对当地的企业家采取种种优惠的政策，从而使这些地区的社会群体各自所占有的财富在发展始初阶段就开始出现一种迅速拉大的情状。

第四，居民财产性收入的增加。

改革开放以前，中国居民的财产收入除了少量的存款利息收入以外，几乎没有什么财产性收入。在现代化和市场经济条件下，居民的理财意识将会普遍增强，理财方式也将趋于多样化和常态化，再加上居民现在用于理财的资金数量以及不动产规模已经有着较大的差别，所以，伴随着中国资本市场的历史性发展，居民在股票、基金、房屋租赁等财产性收入方面的差别将会以较快的速度增大，从而拉大了整个社会综合的收入差距。

第五，收入差距成因当中不公正成分的过多。

客观地讲，造成中国收入差距扩大现象的原因是两个方面的，既有不可避免的历史原因，又有非正常因素所起的作用。就其历史原因而言，从一定意义上讲，中国社会收入差距的扩大是难免的。比如，经济的发展使得一些新的经济板块迅速成长，而"朝阳"产业领域当中人们的收入水平一般要高于"夕阳"产业领域中人们的收入水平。值得注意的是，同历史原因相比，导致收入差距扩大的后一类原因即非正常因素所起的作用越来越大，而且几乎是覆盖了各个行业、各个领域。这里所说的非正常因素中的"非正常"主要是指通过不规则的方式，或者是不公正的方式而拉大了贫富差距。现在一个比较突出的现象是，人们在努力的起点、机会和过程方面存在着明显的不公问题。比如，正常社会流动渠道的不畅，身份制、行业垄断、同工不同酬、权力寻租、国有资产向个人一方的流失、公权不恰当的扩张，等等。起点、机会和过程的不公正，必然会造成结果的不公正，导致贫富差距的迅速扩大。由此可见，民众之所以对收入差距过大现象十分不满，一个重要的原因，就在于如今过大的收入差距主要地并不是由于社会成员能力的差异和努力程度的不同而形成的，而更多地是由不合理、不公正的因素所造成的，因而往往缺乏基本的合理性与合法性的依据。正因为如此，所以，民众对于收入差距过大现象的接受度和容忍度较小。

总之，如果将上述重要的影响因素（变数）考虑进去的话，那么，中国现阶段的收入差距扩大问题以及由此所造成的种种社会问题实际上要严重得多。显而易见的是，对于中国现阶段收入差距问题严重性的轻视或掩饰，将会妨碍中国现代化进程持续、健康的推进。

十五、应当区分两种类型的贫富差距

一个社会固然不可能完全消除贫富差距现象，问题是贫富之间的差距不能过大。毫无疑问，过大的贫富差距对于社会的安全运行和健康发展是十分不利的。这已经成为一种社会共识。

如果再进一步看，我们可以发现，有一个问题有时会被人们所忽略，这就是，就过大的贫富差距而言，实际上有两种类型。

第一种类型的贫富差距是相对拥有底线保障及流动渠道的贫富差距。比如，在 20 世纪 90 年代，俄罗斯正处在"休克疗法"的社会急剧转型期，其民众的实际收入明显减少，大量贫困者出现，社会的贫富差距迅速扩大，通货膨胀十分严重，社会矛盾大量出现。但是，在苏联时期所建立的较为全面的社会保障制度在不小的程度上仍然存在着，养老保障、公共卫生服务、义务教育等社会福利保障制度依旧在不小的程度上发挥着作用，能够为民众，特别是能够为贫困者的基本生存提供有效的"兜底"，所以，民众基本的生存问题不至于恶化到难以为继的地步，从而保证了民众不至于变成激烈的反社会力量。在这样的情形下，当时俄罗斯社会的贫富差距尽管比较大，民众生活苦难，但社会并没有出现剧烈的大面积动荡，社会渡过了最为艰难的时期。

第二种类型的贫富差距则是相对缺少底线保障及流动机会的贫富差距。比如，拉美和非洲一些贫富差距较大的国家，社会保障制度不够健全或基本阙失，社会成员的流动机会也比较少，因而这些国家的社会安全局面有时难以得到保障。

在中国现阶段，贫富差距已经明显突破了合理的界限。正如中国共产党十八大报告所指出的那样，中国现在的"城乡区域发展差距和居民收入分配差距依然较大"。

更需要引起人们注意的是，中国现在的贫富差距是一种相对缺少底线保障和流动机会的贫富差距。这主要表现在：

第一，底线保障明显不足。应当承认，近 10 年来，中国在社会保障底线的建设方面取得了长足的进步。但由于历史欠账过大、公共服务意识尚未普遍形成等种种原因，社会保障底线的建设仍未取得根本性的好转。从公共投入结构角度来看，同别的国家和地区相比，用于基本民生改善的比例过小，而且用于基础民生的比例更小。比如，本来用于教育的公共投入就比较小，而在用于教育的公共投入当中，用于义务教育的比例更小。在用于教育的公共投入当中，大比例的公共支出是用于高等教育的硬件建设，如用于大学城、大学新校区、大学内的各种楼堂馆所等等的建设。从民众所遇到的现实难题角度来看，"就学难、看病难、住房难"成为新的"三座大山"。特别是由于住房保障体系建设的严重滞后。由于"土地财政"以及对房地产商监管不力等多方面的原因，近年来房价飞涨。根据 IMF 测算，我国人均收入尚不及发达国家平均水平的十分之一，但一线城市的房价已经超过了纽约和伦敦。从目前房价来看，大量的城市居民及农民工即使工作一辈子，靠其积攒的储蓄也购买不起起码的住房。高房价住房问题已经成为大量社会成员挥之不去的"梦魇"。

第二，流动机会明显匮乏。改革开放以来，中国的社会流动程度大幅度提升，民众自由发展的空间得以大幅度拓展。不过，受种种因素的影响，中国如今的社会流动遭遇到一定的瓶颈，有待于突破。这突出地表现在社会成员特别是基础阶层成员向上流动的障碍在增多、阻力在增大，社会成员上行的通道在变窄。一方面，社会阶层之间出现了某种固化的情状。延续下来的户籍制度虽然已经松动，但仍然没有消失，仍在不小的程度上大面积地影响着民众。基于城乡不同的居民身份，大批社会成员在教育、就业、社会保障等方面面临不同的对待。再者，由于面临门槛高、贷款难、税收重等方面的困难，"自主创业"难以成为大批社会成员所热衷的事情。另一方面，社会不公现象出现了某种代际之间传递的趋向。现在出现了一种不能说是少见的现象，即："穷人"的子女往往是"穷二代"，"富人"的子女往往是"富二代"。"穷二代""富二代"现象已经屡见不鲜。由于年轻代的成长在很大程度上是依靠家庭的支撑，而拥有不同资源状况的不同家庭的子女所得到的帮助差别很大，所以，出身在生活境况不同家庭的后代之间的差别开始显性化。有学者发现，农村学生主要集中在普通地方院校与专科院校。以湖北省为例，2002—2007 年间，考取专科的农村生源比例从 39% 提高到 62%，以军事、师范等方向为主的提前批次录取的比例亦从 33% 升至 57%。而在重点高校，中产家庭、官员、公务员子女则是城乡无业、失业人员子女的 17 倍。(《中国名校生源急剧变迁 农村学生难入名牌大学》，《南方周末》2011 年 8 月 8 日)

同拥有保障底线及流动渠道的贫富差距相比，相对缺少底线保障和流动机会的贫富差距对于社会所产生的危害要更大一些。

第一，加重整个社会浮躁不定的氛围。底线保障和流动机会事关民众最为基本的生存问题。中国民众现在最为看重的就是稳定而富裕的生活；同时，中国正处在急剧变革的时期，大量社会成员的经济位置和社会位置变化较快。社会一旦相对缺少底线保障和流动机会，对于大量相对落伍的社会成员来说就缺少了一个"兜底"的东西；而缺少流动机会又会使他们对未来前景不可预期，进而会增大他们人生的不确定性。而落伍者的境况还容易产生一种示范效应，使目前一些没有落伍者唯恐一步赶不上，步步赶不上。凡此种种，容易造成整个社会的浮躁不定，容易引致大面积的社会焦虑。重要的是，大面积社会焦虑所带来的直接后果，一是会大面积降低人们生活的满意度。一个社会成员，不管其积累了多少财富，一旦为焦虑所困扰，其原本可能的生活满意度必然会大幅度降低。二是对社会矛盾会起着一种推波助澜的作用。人们一旦陷入一种焦虑的状态，势必会缺少理性的考虑，缺少一种行为的约束，容易使社会充斥着一定的戾气，进而容易产生种种越轨行为。这一切，无疑会加重社会矛盾。

第二，减弱社会活力及创造力。一个社会，只有为社会成员留有足够的社会流动空间，即：社会成员既有广阔的上行空间，也有平行选择的广阔空间，方能够"让一切创造社会财富的源泉充分涌流"，方能够让一个社会充满活力和创造力。而相对缺少流动机会无疑会限制人们努力的空间，抑制人们创业的热情。比如，一旦社会阶层之间的固化现象趋于严重，那么其结果是，有时难免出现这样一种情况：贫困是贫困的原因，富裕是富裕的原因，贫富的具体状况与自己努力的具体状况之间的关联度不大。这就意味着社会不是按照贡献大小的原则进行分配，而是按照某种"先赋"性的原则进行分配。在这样的情形下，难以充分激发人们的潜能和活力，遑论激发人们的创造力了。现在大学生择业时，出现了自主创业空前冷清与考公务员空前狂热这样一种鲜明对比的情形，说明我们国家在鼓励、拓展社会流动方面尚需要做很多事情。

第三，不利于社会的安全运行。缺少底线保障，意味着不少家庭对于社会风险缺乏必要的抵御能力，容易陷入某种困境，因而难以认同社会。而缺少有效的社会流动渠道，则意味着一些社会成员的上升流动空间以及平行流动空间受限，容易使一些社会成员失去希望，并进而容易形成某种积怨。凡此种种，均会对社会的安全运行产生程度不同的有害影响。比如，在 19 世纪，同欧洲不少国家相比，美国激烈的、对抗性的社会矛盾要相对少一些。之所以如此，原因之一是当时美国的社会流动渠道相对多一些，能够减少一些积怨的积累。

如何才能有效地缓解过大的贫富差距，尤其是如何才能有效地应对相对缺少底线保障及流动机会的贫富差距所产生的负面效应？就此而言，需要做很多事情。其中，特别需要做好这样两件事情：一是大力改善民生。只要基本民生问题得到了大幅度的改善，民众的基本生存底线就会得以保障，贫富差距过大问题所产生的负面效应就会得以减小。二是增多社会成员的流动机会。为此，应当想方设法鼓励民众的自主创业，消除人们在流动过程中遇到的各种不平等的障碍，让每一个社会成员都有发展的空间和希望。

十六、对社会公正的关注不能
仅停留在收入差距层面

在现阶段，中国社会公正问题的实际状况大体是这么一种情形：一方面，中国的社会公正在同市场经济密切相关的部位获得了初步的却是十分重要的发展，这主要表现在：其一，社会从看重结果均等开始转向看重机会平等。其二，城市与农村这两个原来是相互隔绝的板块开始被打通，城乡之间的社会成员初步实现了大规模的对流等等。其三，社会成员初步获得了自由发展的空间。另一方面，需要看到的是，社会当中出现了许多不公正的现象。"在我国现有发展水平上，社会上还存在大量有违公平正义的现象。"（习近平：《切实把思想统一到党的十八届三中全会精神上来》，《求是》2014年第1期）社会不公现象对中国社会的安全运行和健康发展产生了不可忽视的负面影响。

现在，社会公正问题成为中国社会各个阶层所共同关注的重大问题，同时，也理所当然地成为学者所十分关注的重要问题。需要注意的是，在社会公正问题方面，最直接也是最容易引起人们关注的是相对比较直观和现实的收入（贫富）差距问题。收入差距过大问题研究几近成为中国学术界社会公正问题研究或是社会不公研究的代名词。

虽然收入差距问题是社会公正问题当中一项十分重要的内容，

但是，同样应当看到的是，社会公正问题不仅仅是收入差距问题，而是一个远远超出收入差距范围的问题。对于社会公正问题的理解只是限于收入差距问题的局限性在于：

第一，对于社会公正问题基本状况的描述与概括不全面。社会公正问题涉及社会的方方面面，如社会成员基本权利的维护问题、机会平等问题、按照贡献进行分配问题、社会调剂问题、社会阶层结构（社会力量的配置结构）问题、基本的制度安排问题、发展的基本理念问题和发展的基本路径问题等等。所以，一旦将社会公正问题局限于收入差距问题的话，那么，前述一系列重要的问题就容易被忽略。这样一来，对于社会公正的基本描述和概括不可能全面，而建立在不全面描述和概括基础上的判断不可能是科学合理的。

第二，对于社会公正问题的基本状况难以作出准确的定位。从一定意义上讲，收入差距问题只是一种表面的现象，关键要看在这些表象背后的事情。如果仅仅就收入差距问题谈论收入差距问题，那么难以对这个社会的公正状况作出准确的基本判断。相反，却容易出现两种误读。一种误读是，有时容易将一些合理的差距当成不公正的事情来看待。比如，有时难免将平等问题予以泛化和绝对化，认为基尼系数越低越好，而忽视了社会成员多样化发展的极端重要性，不经意间将平均主义视为合理公正的事情。另一种误读是，有时容易将某种过渡性的现象当作合理公正的事情来看待。比如，如果仅仅从外观上看，也就是如果只是从收入差距的角度看，那就容易得出判断：20 世纪 80 年代中国社会的基尼系数介于 0.3—0.4 之间，这是最为公正合理的收入差距现象。岂不知，20 世纪 80 年代的中国社会正处在由计划经济体制向市场经济体制转型之初，市场经济体制远远没有形成，现代社会更谈不上定型。在这样的情形下，收入差距的具体状况属于过渡时期当中不具有确定意义的一种现象，谈不上合理公正与否，更谈不上是一种理想的状态。

第三，对于社会不公的原因不可能作出准确的解释。收入差距问题只是社会公正问题的一种结果，而不是原因。如果将社会公正问题仅仅局限于收入差距问题的话，那么，其结果是对于不公正的收入差距现象是知其然而不知其所以然，无法作出准确的解释。

第四，对于解决社会不公问题的对策建议难免不全面、不到位、不可行。就社会不公问题的解决而言，如果对社会不公基本状况把握得不够全面，对其产生原因理解得不够清晰，那么，就难以对症下药，相关的解决社会不公问题的对策建议也就不可能全面和到位。比如，不少学者往往只是将解决社会不公的主要对策建议限于理顺收入分配关系，或是认为应当通过加大税收力度和建立社会保障体系的方法来解决社会不公问题。实际上，这是一种十分技术层面上的政策建议，过于简单。应当看到的是，何种收入分配政策的应用，从根本上讲，最终是取决于这个社会所认同的基本价值理念、社会利益的博弈结构等等。一个社会，一旦缺少得到社会认同的、并且是能够与现代社会及市场经济相适应的基本价值理念，就不可能制定出公正合理的收入分配政策；而且，如果没有公正合理的社会阶层结构（社会力量配置结构），那么，再好的收入分配政策在具体的实施过程中也会变形走样。显而易见的是，解决社会不公问题的对策建议，必须是全面和综合的。相关的政策建议必须建立在对社会不公问题全面、深入理解的基础之上，唯有如此，方能制定出全面、到位、可行的对策建议。

基于社会公正问题涉及领域的复杂性，对于中国现阶段的社会公正问题宜从多个层面的角度，采取"逐层递进"的研究路径进行深入探讨。具体就是：

第一个层面，先从外观表现上，描述和概括中国现阶段收入差距过大这一重要的社会不公问题的基本状况。

在中国现阶段种种社会不公正现象当中，过大的收入差距已经成为一个比较突出的问题。这一点，从基尼系数、城乡居民收入差距、地区之间居民的收入差距以及富裕群体所占有的财富比例等几个指标中可以比较清晰地显示出来。对此，很多学者已经进行了大量的研究。这里不拟重复。

第二个层面，进而以社会公正的四项基本规则为视角，对于中国现阶段社会不公现象的各个主要环节进行探讨。

同只是从收入差距这一单向维度来分析中国现阶段社会公正状况的做法相比，对于社会公正问题的四个维度即基础性基本权利的保证、机会平等、按照贡献进行分配和社会调剂进行描述与分析的做法要科学合理得多。从这四个维度着眼，可以在不小的程度上解释中国现阶段不公正不合理收入差距问题的直接原因。在社会公正的这四个维度当中，无论哪个维度出现了问题，均会造成不公正的收入差距。比如，在一个社会当中，如果缺少了对社会成员基础性基本权利的保证和社会调剂的话，那么，就意味着这个社会缺少必要的"保底"和"限高"，那么这个社会当中的收入差距必然会扩大。

第三个层面，进一步从社会阶层结构（社会力量配置结构）的层面，对于中国现阶段社会不公现象的根源进行分析。

在中国现阶段，一个不争的事实是，社会阶层层面上出现了许多问题。而在社会阶层层面诸多的问题当中，有两方面的问题最为明显：一方面，从基础阶层层面上看，是社会主要群体出现了某种弱势化的趋向，主要表现为：相对剥夺感较强，而且劳动者的尊严感开始削弱；劳动技能总体水准在下降；程度不同的边缘化；另一方面，从较高位置阶层层面上看，则是精英群体之间出现的某些利益结盟迹象。比如，一些官员与一些企业主相互间出现某些利益交换与输送的问题。

中国社会阶层结构层面上的主要问题必然会使中国现阶段社会公正在社会成员基础性基本权利保证、机会平等、按照贡献进行分配以及社会调剂这样四个维度方面出现比较明显的问题。社会主要群体某种弱势化的趋向与精英群体某些利益结盟这样两种反差巨大的现象，必然会造成一些社会成员基本权利阙失和整体利益结构失衡的社会，必然会使中国现阶段社会公正基本状况趋于变坏。

第四个层面，再进一步从发展的基本理念和基本制度的层面，对中国现阶段社会结构层面不公正问题的根源进行研究。

在中国现阶段，社会阶层结构层面之所以会出现某些不公正不合理的问题，一个重要的根源就在于，在一个特定的时期当中，中国公正合理的理念和相应的制度建设相对滞后。正因为如此，所以，对于中国现阶段社会公正问题的研究最终必须深入到发展理念和制度建设的层面。

对于一个社会的安全运行和健康发展来说，发展的基本理念和制度建设具有举足轻重的影响。一个社会一旦在发展理念和制度安排方面出现比较严重的问题，那么，势必就会使社会阶层结构亦即社会力量配置结构方面出现比较严重的问题，并进而引发一系列比较严重的问题。

中国现阶段制度建设当中的主要缺陷至少表现在这样几个方面：其一，基于社会公正理念而设计的现代制度当中的许多内容没有到位。其二，许多已有的、从外观上看比较像样的制度却得不到应有的落实。其三，出现了一些新的、却带有明显缺陷的制度。其四，在社会转型时期，作为制度的替代性物品——缺乏稳定性的种种政策在社会生活当中起着比较重要的作用。

在中国现阶段，制度层面上的问题对于社会阶层结构亦即社会力量的配置结构必然会产生多方面的不利影响。制度的缺陷必然会造成社会整体利益结构失衡的情形，进而必定会造成强势群体不恰当侵占弱势群体合理利益的情形，必定会导致此群体利益的增进往往是建立在另一群体利益的受损基础之上现象的出现。换言之，社会各个群体之间的利益关系有时会呈现出一种零和博弈而不是互惠互利的状况，于是，社会各个群体相互间的利益不可能实现双赢的局面。由是反观中国现阶段社会阶层结构方面之所以出现了一些比较明显的问题，其主要症结之一就在于制度安排方面有着明显的缺陷。

由上可见，对于中国现阶段社会公正问题采取"逐层递进"的研究路径的益处在于，在相对全面把握中国社会公正问题各个层面上的基本状况的同时，通过对不同层面社会不公现象"原因倒推"的方式，还可以在一定程度上找出社会不公问题的生成逻辑，即寻找出造成社会不公现象原因当中带有一定逻辑关系的关联性。这种关联性的逻辑关系大致是：在中国特定的社会转型背景条件下，正是由于发展理念和基本制度基本政策层面上存在的问题，造成了中国现阶段社会阶层结构层面上的主要问题；而正是由于社会阶层结构层面上存在的主要问题，在特有的社会环境中，直接导致社会公正在四个重要的环节上出现了问题，进而又直接造成了中国现阶段收入差距过大的问题。从逻辑关联性来看，后一层面的问题在一定程度上可以有效解释前一层面问题的原因，反过来则无法予以解释。

十七、应高度重视社会不公现象的新趋向

中国的收入差距在迅速扩大，这已是一个不争的事实。实际上，问题的严重性还不在于收入差距迅速拉大本身的问题，而在于中国现阶段的社会不公现象出现了一些明显的新趋向，这才是真正令人担忧的事情。正是这些新趋向的存在，使得社会不公现象在不断地恶化。

中国现阶段社会不公现象的新趋向主要表现在以下几个方面：

第一，社会不公现象涉及大部分社会群体。

社会不公现象现在所涉及面越来越大，不仅涉及人数最多的社会主要群体如工人群体和农民群体，而且涉及大量中等收入者、大量的教师，另外还有部分民营企业家也程度不同地面临着社会不公问题。

应当承认，这些社会群体面临着一些共同关注的社会不公现象如腐败问题等等。除此之外，这些社会群体各自所面临的具体社会不公现象方面，还是有一定差别的。工人群体、农民群体、农民工群体所面临的社会不公现象，主要表现在基础性基本权利方面，如劳动条件恶劣、失业、社会保障不到位、子女教育成本过高等问题；大量中等收入者主要面临着的是税负相对过重、房价飙升等社会不公问题；大量教师特别是中小学教师主要面临的社会不公问题，是其相对位置（与公务员群体相比）明显下降，实际收入和福

利待遇同公务员相比差距越来越大；部分民营企业主特别是制造业中的民营企业主，则主要面临税负过重，面临同国有企业不公平竞争等歧视问题，如融资难、行业准入歧视等问题。

第二，社会群体之间非互惠互利局面逐渐形成。

在一个正常的现代社会，为了保证社会各个群体之间的团结和整合，就必须在其相互之间实现互惠互利的局面，即：处在较高位置的阶层的利益增进不能以损伤处在较低位置的阶层的利益为必要的前提条件；相反，在较高位置的阶层的利益增进的同时，较低位置阶层的处境应当随之得到改善。按照罗尔斯的解释，这种互惠互利是指，"所有参与合作的人都必须以某种适宜的方式（依一种合适的比较基准来判断，该方式是适宜的）来共享利益，或分担共同的负担"（[美] 约翰·罗尔斯：《政治自由主义》，译林出版社 2000 年版，第 319 页）。

由之反观中国社会，则是一种相反的现象。社会主要群体与社会经济位置较高的精英群体之间在利益方面没有实现互惠互利的局面，而是呈现出一种此消彼长的现象。

一方面，是社会主要群体生存和发展状况没有得到应有的改善。比如，劳动者的劳动收入同劳动投入不成比例。在国民收入的分配中，劳动者报酬比重呈逐年下降的趋势。近年来中国劳动者报酬占 GDP 的比重偏低且呈现出下降趋势，劳动者报酬占 GDP 的比重由 2004 年的 50.7% 下降到 2011 年的 44.9%。（张海英：《增加劳动者报酬，立法是基础》，《法制日报》2015 年 4 月 30 日）相比之下，日本战后工业化快速推进时期，1955 年到 1985 年，人均国民收入从约 220 美元提高到 10950 美元，期间劳动者报酬占 GDP 比重不降反升了 13.6 个百分点，达到 54.3%。（宋晓梧：《弱势群体能否不再为精英埋单——论贫富差距与收入分配制度改革》，《人民论坛》2010 年第 17 期）另外，中国的社会保障对职工的覆盖率偏低，对于农民工的覆盖率过低。另一方面，则是精英群体利益的超常扩张。精英群体不但拥有着雄厚的社会经济资源，拥有着无可争辩的控盘能力包括制定规则政策的能力和干预市场的能力，而且拥有着社会话语权。更为重要的是，精英群体常常会突破职业边界，在利益方面形成相互结盟、抱团获利的现象。对于精英群体来说，类似的利益结盟现象，不但可以从中得到由掌握再分配权力所带来的好处，而且还可以直接得到一块由市场经济所创造的财富。有学者认为，2008 年全国在超过 9 万亿的隐性收入中，"灰色收入"的部分有 5.4 万亿，10% 的最高收入家庭拿走了其中 63% 的财富。（《中国社会隐性收入九万亿 最富的人拿走最多的钱》，《北京晚报》2010 年 8 月 12 日）这种情形一旦持续不断地发展下去，就有可能产生一个为害巨大的"既得利益群体"。有学者开始提醒社会："权贵资本主义"或"官僚资本主义"已经成为一种现实的危险。（吴敬琏：《当代中国经济改革》，上海远东出版社 2003 年版，第 396 页）

第三，社会不公现象开始出现代际传递的迹象。

受传统因素的影响，如果就一般情形而言，家庭对于子女的未来发展前景有着重要影响，那么在极为重视家庭的中国社会，家庭对于后代的影响就更大了。由于多年来公共服务体系的阙失，由于新一代人的成长和发展主要是靠家庭的支撑，拥有不同资源状况的高收入群体家庭和低收入家庭的子女所得到的帮助差别很大，所以，随着社会不公现象的持续存在和加重，出生在不同经济状况家庭的后代之间的差别开始显性化，换言之，社会不公现象开始出现了代际传递的迹象。

社会不公现象的代际传递主要表现在这样两个方面：其一，弱势群体家庭贫穷状况的代际复制，即"穷人"的子女往往是"穷二代"。我们观察一下新生代农民工和许多未就业的大学毕业生，可以发现，他们大多是弱势群体的后代。比如，以大学毕业生就业为例，在 20 世纪 80 年代初期，出身工人家庭和农民家庭的大学毕业生所找到的工作，与当时出身"高干"家庭的大学毕业生差别不大。而现在，出身工人农民家庭的大学毕业生很难找到像样的工作。其二，富裕群体家庭富裕状况的代际复制，即"富人"的子女往往是"富二代"。精英群体的后代在其基本生存和发展状态方面开始明显表现出优越于其他群体后代的情形。

第四，社会不公现象呈现出一种加速度演化趋势。

现在，社会不公现象积累的基数越来越大。中国率先富裕起来的社会群体由于已经拥有了优厚的资本、广泛的人脉网络、丰富的致富经验以及越来越宽泛的财富增值渠道，因而仍然能够在经济快速发展过程当中分享到更多份额的蛋糕。相比之下，社会主要群体的生存和发展空间越来越受到挤压。在这样的情形下，社会不公现象的势能越来越强，惯性越来越大，越来越会按照自我演化的逻辑加速演化。所以，在未来一段时间当中，中国的社会不公现象不可避免地会呈现出一种加速度演化趋势。

第五，社会不公现象引发的社会矛盾越来越严重。

在看到社会不公现象日益凸显的同时，还需要注意的是，改革开放以后，尤其是 20 世纪 90 年代以后，随着现代化和市场经济进程的推进，中国社会成员的平等和独立意识得到了长足的发展，并逐渐得到国家层面上的积极认同。社会成员对于自身各种权益的维护成为一种必然的趋势。在这样的情形下，大量侵害民众基本权利的做法就会遭到广泛抵触。从客观上讲，围绕着维权问题就会形成不少矛盾。

由社会不公现象所引发的社会矛盾表现在多个方面，其中一个十分重要的表现是劳资矛盾日益凸显。随着工业化、城镇化进程的迅速推进，农民的数量必然会越来越小，劳动者也就是雇员的数量必然会越来越大，而且，劳资关系涵盖了绝大部分的社会经济领域，所以，劳资矛盾将会成为影响中国城镇化进程乃至整个社会是否和谐稳定的最为重要的社会矛盾问题。这种迹象现在已经开始显露出来。近年来劳资纠纷和矛盾处在一个迅速上升的通道。

在中国现阶段，社会不公现象的演化正处在一个关键时期，有着两种可能：或者其演化势头被有效阻遏，其结构化演化趋势被有效矫正；或者任其演化、膨胀，而且是加速度膨胀，社会不公现象逐渐被定型化和结构化，中国的社会经济将为之付出巨大的代价。

就阻遏社会不公现象演化趋势而言，不要指望靠某种收入分配改革方案的实施就能一揽子解决这一严重问题，而是必须下大决心，从社会结构和政治体制的层面，采取大力度政策来解决这些问题。社会结构和政治体制层面上的主要问题如果得不到解决，那么，收入分配改革一是不可能出台一个全面、配套、具有可持续性的方案；二是即便是有一个全面、配套、具有可持续性的方案，也不可能真正得以实施，而很有可能或者是半途而废，或者是走形变样。

十八、说歧视

歧视有广义和狭义之分。广义上的"歧视"概念平时不多用，它是在中性意义上所使用的，是指"有所区别的对待"。正如《布莱克维尔政治学百科全书》所说的那样："从最广泛的意义上说，该词是指对一种差异、一种区别或不同待遇的感受。从这个道德上的中性含义来说，在某种特定的环境中，亚里士多德的正义原则也要求歧视的存在。这种原则告诉我们用相同的方式对待相同的情况，用不同的方式对待不同的情况。比如，一个不能区分出好学生和坏学生的老师对这两者也许都是不公正的。"

狭义上的也就是消极意义上的"歧视"概念，是指"相同的人（事）被不平等地对待或者不同的人（事）受到同等的对待"。（夏普等：《社会问题经济学》，中国人民大学出版社 2000 年版，第 150 页）具体之，所谓歧视，不是以能力、贡献、合作等为依据，而是以诸如身份、性别、种族或社会经济资源拥有状况为依据，对社会成员进行"有所区别的对待"，以实现"不合理"的目的，其结果是对某些社会群体、某些社会成员形成一种剥夺，造成一种不公正的社会现象。狭义上的"歧视"的反义词是公正对待、公平对待，有时其反义词是平等对待。一般来说，狭义上的"歧视"概念和问题是为社会和学术界所普遍使用的。

歧视具有两个明显的特征：其一，排斥性。这主要是指，在资源分配方面（包括对社会公共资源的享用方面），一些人群依据不合理的理由、借助于不公正的方式对其他人群的排斥或是限制。从这个意义上讲，歧视反映出特定时代特定社会的不公正的资源分配格局和基本特征，反映出某些"特权"和某些"剥夺""排斥""限制"的现象。这是歧视最为本质的特征。其二，广泛性（社会性）。歧视所涉及的人群范围是比较广泛的，它是指一个或数个人群对另一个人群或数个人群的排斥，而不是仅仅限于少数人范围内或个人之间的事情。也正因为它的广泛性，所以，就一般情况而言，歧视是通过正式制度的方式和非正式制度的方式来实现的。前者是指在制度安排和政策制定层面上以法律、法规、条例、政策的形式将含有歧视性的内容予以制度化，后者是指以某种社会风气、价值观念、习惯的方式对某些人群进行排斥和限制。

歧视所涉及的范围十分广泛，既包括经济歧视、社会歧视方面的内容，也包括政治歧视、文化歧视以及国际社会歧视等方面的内容。一些以反歧视为重要目的的国际公约中的相关规定，实际上是从反面的角度说明了歧视的具体内容。我国已经加入的《经济、社会及文化权利国际公约》规定："本公约所宣布的权利应予以普遍行使，而不得有例如种族、肤色、性别、语言、宗教、政治或其他见解、国籍或社会出身、财产、出生或其他身份等任何区分。"比如，应当最低限度给予所有工人这样的对待：公平的工资和同值工作同酬而没有任何歧视，特别是保证妇女享受不差于男子所享受的工作条件，并享受同工同酬；保证他们自己和他们家庭得有过得去的生活。再比如，应当为儿童和少年采取特殊的保护和协助措施，不得因出身或其他条件而有任何歧视。《中华人民共和国宪法》规定："中华人民共和国年满18周岁的公民，不分民族、种族、性别、职业、家庭出身、宗教信仰、教育程度、财产状况、居住期限，都有选举权和被选举权。"《中华人民共和国妇女权益保障法》规定，国家保障妇女享有与男子平等的劳动权利；各单位在录用职工时，除不适合妇女的工种或者岗位外，不得以性别为由拒绝或者提高对妇女的录用标准。

另外还有一种特殊的歧视现象，这就是平均主义。平均主义的本质是"削高平低"，其目的在于造成社会成员最终结果上的相似、一致。从某种意义上讲，与一般的歧视现象有所不同，平均主义是多数人对于少数能力强、贡献大的社会成员的一种歧视。同工不同酬固然不对，但是，不同工却同酬也不合理。这些少数人如果贡献同多数人相比要大，得到的却是同其他人相同的报酬，那么便出现了一种"不同工但同酬"的现象，即其特殊的贡献得不到应有的承认和回报，其合理的利益和权益得不到应有的保护。实际上，这就是遭到了多数人的剥夺，从而违背了"相同的人和事情应当得到相同的对待，不同的人和事情应当得到不相同的对待"的社会公正原则。这显然也是一种歧视。

对于歧视者而言，歧视是满足自己特有目的的一种重要的方式和途径。在一个生存和发展资源有限的社会里，通过歧视，歧视者可以形成一个有利于自身切身利益的资源分配格局，并予以固定化；通过歧视，可以剥夺其他人群的"平等"感，体现歧视者人群的优越感，形成其自身的权威，尤其是形成对于备受歧视的弱势群体的绝对权威。另外，通过歧视，歧视者还可以将自己处在强势位置的价值观确立为整个社会的主流价值观，排斥、限制其他人群非主流的价值观，从而达到独尊自己价值观的目的。

在中国改革开放前后的各 30 年间，歧视现象有着较大的差异。

在改革开放以前 30 年的中国，随着社会结构的重建以及新的社会风尚的形成，在强有力的政权的推动下，在高强度的社会动员的作用下，原有封建等级制的歧视、民族歧视、性别歧视等等不公正的社会现象几乎被一举扫除。比如，被人们视为最为严重的、延续了几千年的社会歧视现象——性别歧视基本消除，中国妇女的实际境况确实是发生了翻天覆地的变化。虽然如此，但还应看到的是，中国在这30年间，由于误将时代的中心任务定位在"以阶级斗争为纲"，由于错误地实行计划经济体制而排斥市场经济体制，中国出现了一些与以往不同的歧视现象。这突出表现在以政治出身为依据的政治等级体系，以城乡户籍和所有制性质为依据的社会身份等级体系，以平均主义为依据的不同生活板块内部的资源分配体系，等等。与之相适应，形成了政治歧视、户籍歧视、不同所有制单位的歧视以及对于能力较强、贡献较大者的歧视，等等。其中，政治歧视是杀伤力最大、波及面十分广泛的、持续时间最长的歧视。政治歧视的对象人数众多而且是呈不断增多的趋势，其尊严和正常的生活、工作都受到了极为严重的影响。

改革开放以来的30多年，随着传统社会向现代社会过渡、计划经济向市场经济的急剧转型，各种各样的歧视现象相继出现，如：市场歧视、价格歧视、财富歧视、就业歧视、行业歧视、报酬歧视、劳动条件歧视、性别歧视、城乡身份歧视、单位歧视、年龄歧视、资历歧视、教育歧视、学历歧视、社会保障歧视，等等。对于种种歧视现象，我们可以列一个长长的清单。从横向的角度来看，歧视现象涉及经济、文化、政治、社会等各个领域；从纵向的角度来看，中国现阶段的歧视现象既有原产于传统社会者，也有原产于计划经济体制社会者，还有形成于市场经济社会及现代社会者。另外，中国现阶段的正式歧视现象与非正式歧视现象都比较严重。一些法律法规及政府条例在反歧视方面存在着空档或缺陷，有些地方政府颁布的条例中甚至是在有意无意地鼓励、主张歧视现象。中国现阶段的非正式歧视现象同样十分严重。在这方面，前些年社会对于河南人的歧视就很具有典型意义。一些媒体、出版物编造一些子虚乌有的故事来伤害河南人的信誉和自尊，用以制造一些

"卖点"。这种歧视性的做法有着很大的杀伤力，极大地损害了河南人的社会信誉，以至于有单位在招聘启示中明确提出不考虑河南人。总的来说，对于河南人的歧视说到底是一种经济歧视和身份歧视。试想一下，假如河南人像深圳人、温州人一样富裕，河南省像上海市、广东省一样发达，这种歧视现象恐怕就很难出现。

在目前中国社会的种种歧视现象当中，经济歧视现象最为突出。由于整个社会对于经济利益的过分看重，因而促成嫌贫爱富观念的形成，导致经济歧视行为的发生，亦即依据财富的多寡对于社会成员采取有所区分的态度和行为。在日常生活领域，我们可以清楚地看到经济歧视现象的大量存在。比如，一些优美的风景区变成了富人的专门居住区，甚至一些用于急救的直升飞机，都是专门向富人开放的。再比如，就是在本属公共教育的领域，都不难看到经济歧视现象的存在。在经济生活领域，歧视现象也是大量存在。这突出表现在市场垄断方面。一些原来同政府联系密切同时又有很大赢利空间的经济部门和行业如民航、电力、电信等，往往直接垄断着相关的市场，直接操纵着产品及服务的价格，而不允许别的经济组织进行平等的竞争，从而获得了高额的行业利润。还有一种值得注意的现象是，受原来意识形态及计划经济体制的影响，社会对于非国有的民营企业有时仍然存在着一定的歧视，抑制着民营企业的正常发展。

歧视背离并直接损害了社会公正的基本规则。歧视损害了社会的每一个成员都应具有的平等、自由的基本权利，损害了一部分社会成员作为人的基本的种属尊严；歧视背离了机会平等的基本规则，不恰当地膨胀了一部分社会成员的机会资源，同时又剥夺了另一部分社会成员尤其是弱势群体成员的机会资源，限制甚至阻塞了这些社会成员的发展前景；歧视损害了按贡献进行分配的规则，实际上是在实行同工不同酬即一部分人多劳少得而另一部分人少劳多得的做法；歧视忽视了社会合作、社会整合的极端重要性，损害了社会调剂的重要规则，根本不考虑社会成员共享社会发展成果的问题。

歧视必然会产生严重的社会负面效应：歧视的存在，使得社会群体之间人为地多了一种刚性化的隔离亦即"不准进入"或"限制进入"的障碍，这就程度不同地阻塞着社会流动；歧视不但剥夺了一部分社会成员的发展机会，使得这部分人处在一种弱势的状态，而且直接伤害了这些人的尊严，所以，这部分社会成员对于社会容易形成隔膜感和不信任的社会态度，严重者甚至会形成一种对立的、反社会的情绪，从而严重影响中国社会的正常运行和健康发展。

一个社会为了保证自身的安全运行和健康发展，就必须消除歧视现象。一个社会虽然不可能完全消除所有的歧视现象，但是，一个现代社会、一个健康社会，至少应当做到在制度安排的层面上、在政策制定的层面上进行合理的设计，以杜绝并防止正式的歧视现象亦即制度和政策层面上的歧视现象，而且应当尽可能地消除或减少非正式的歧视现象。

十九、有关农民的三种提法需要正名

不能否认的是，我国农民长期面临着不公正对待的问题。中国的农民有 6 亿多人，农民的不公正对待问题如果得不到解决，现代社会将是一句空话。就此而言，我们有许多事情需要去做。其中，有一些习以为常的却是带有明显歧视色彩的提法需要我们进行反思和更正，以适应社会发展的趋势。这些需要矫正的主要提法是："农村剩余劳动力""农民工""善待农民"。

一是应当改变"农村剩余劳动力"的称谓。

中国城乡差距之大，差不多居世界之首位。与之相适应，中国农民面临着种种不公正的对待。人们可以从许多方面举出这样那样的事例，这些都是公认的事实。但是，很多人可能往往由于熟视无睹，而忽略了一项比较重要的对待农民不公的、带有歧视性的做法，这就是"农村剩余劳动力"的称谓。"农村剩余劳动力"称谓已被许多人甚至是已被大多数社会成员所认可、接受。"农村剩余劳动力"已经成为一种习惯性用语，可见对农民不公之深，几乎达到了十分麻木的地步。

本来，如果从纯粹"中性"的角度来看，"剩余劳动力"也没什么问题。但问题在于，对城市农村同一种事情有着不同的称谓。这就未免使人们疑惑：何以如此？再细细一想，便释然。这种称谓实际上隐含着一种对于农民的歧视。

在社会包括政府的正式及非正式用语当中，将城市居民中失去工作岗位的劳动力称作"失业人员"或是"下岗人员"，而将农村中实际失去工作岗位的劳动力称作"剩余劳动力"。这两个称谓本来似乎没有什么差别。但是，将之同时使用并分别固定地指称不同的人群，则明显地反映出了社会对于城市居民和农村居民有所区别的态度。在正式及非正式用语中，很难找到反例，即：将城市居民中失去工作岗位的劳动力称作"城市剩余劳动力"，同时将农村中失去工作岗位的劳动力称作"失业人员"或是"下岗人员"。试想一下，在具体的称谓方面，来自农村的劳动力都享受不到最起码的"国民待遇"，那又怎么可能在具体的政策上得到平等的对待！"失业者"或"下岗人员"的称谓，暗含着这样的意思：即按照国际上通行的惯例，社会及政府有责任、有义务为他们提供工作机会，而且，在"失业""下岗"期间，政府有责任负担其必要的生活费用。但是，"农村剩余劳动力"则意味着"多余的劳动力"，而不是"失业者"。因此，社会和政府没有特别的责任和义务具体地安排其就业，也没有义务筹措其日常的生活费用。"农村剩余劳动力"称谓本身就已经隐含着不予保障的一种理由：没有办法，谁让你"剩余""多余"来着。社会及政府层面上的厚此薄彼，于此可见一斑。

对农民的这种不公平对待有着多方面的负面社会效应。中国有6亿多的农民。农民如果在社会保障等基本权利方面都得不到公平对待的话，那么，很难想象我们社会能够实现最为基本的社会公正。再者，解决中国"三农问题"的关键在于非农化（主要表现为城市化）进程的顺利推进，而从类似于"农村剩余劳动力"的称谓中所反映出来的整个社会对于农民的不公正甚至是歧视性的做法，无疑是在人为地对非农化进程设定一些障碍，从而维护中国以往不平等的城乡二元结构。

显然，我们现在应当改变"农村剩余劳动力"的称谓，而代之以"农村失业人员"的称谓。

二是应当逐渐淡化"农民工"的称谓。

改革开放尤其是 20 世纪 90 年代以来，随着中国现代化进程和市场经济进程的推进，随着城市化进程的提速，2.7 亿农民脱离土地进入城市工作，形成了蔚为壮观的"民工潮"。人们习以为惯地把来自农村的这批务工人员称作"农民工"或"民工"。起初，此称呼作为一种对尚未完全定型的劳动力现象的直接描述并无多大问题，它在一定程度上反映了中国社会特殊时期城市化的特殊路径。但是，随着这些人的工作逐渐定型，随着这些人逐渐成为中国第二产业和第三产业的主要劳动者，这时，如果我们再稍微仔细地想一下，就会发现，"农民工"或"民工"不是一个准确的称谓，其中含有明显的歧视成分。

"农民工"或"民工"称呼的原意是：其一，其劳动具有季节性、兼业性的特征，即：一人横跨农业和非农业两大领域，农忙时节回乡干农活，农闲时节到城里打工。其二，身份是农村居民，即：这些人的户口是农村居民户口。现在看来，第一层意思已经基本消失。中国农民的人均耕地只有两亩左右，耕作这点土地依靠没有进城的农业劳动力已是绰绰有余，况且，种地的赢利空间已十分有限，如果再加上"回乡"往返费用，实在是得不偿失，因而不需要这些"农民工"农忙时节回乡劳作。显然，"农民工（民工）"现在的主要含义就剩下第二层了，即：农村居民户口。而这一点却恰恰是一件十分不公的事情，反映了社会基于城乡原有身份对这些社会成员的一种不平等、不公正的对待。

以 1958 年通过并实施的《中华人民共和国户口登记条例》为标志，中国形成了严格的城乡身份区分政策，国家通过严格的户籍制度将城市和农村分为两个相互隔绝的生活板块。这种做法阻止了农村居民向城市的流动，从而将中国社会的全部成员分别归为城市居民和农村居民这样两大身份系列。城市居民所享受的各种保障和福利政策要远远优于农村居民。该《条例》一直沿用至今，对中国社会造成了极为深远的消极影响。这是一种明显的歧视现象，而"农民工"或"民工"的称谓就带有与此相联的歧视色彩。

本来，就工作性质而言，凡是在非农产业领域从业的劳动力就已经不是农民了，而属于工人。"农民工"的称谓很不准确，是一个语义混乱的称谓。但是，在中国社会特有的环境中，既然带有"农村户口"的背景，那么，"农民工"在城市里工作就必然会遇到歧视性的对待。就有所区别的对待而言，"农民工"是一个现成的、直接的、重要的借口。在城市，"农民工"不但要遇到制度、政策层面的歧视，也会遇到一种约定俗成的社会歧视。比如，许多行业禁止或限制"农民工"的进入，"农民工"所干的大都是最累、最苦、最脏的工作，而且收入十分低下，往往是同工不同酬；城市里一些用人单位不为"农民工"上各种社会保险；"农民工"的居住、生活与工作条件差不多是城市当中最差的；其子女的教育等问题也很难解决。"农民工"在城里是否待得住、能否像城市居民一样生活，在很大程度上取决于身份（户口）能否改变。于是，只要是被称作"农民工"，那便意味着是城市中的"二等公民""二等居民"，是单位或行业中的"二等工人"。这是一种严重的歧视现象，严重地违反了中国的法律。《中华人民共和国劳动法》明确规定，劳动者享有平等就业和选择职业的权利、取得劳动报酬的权利、休息休假的权利、获得劳动安全卫生保护的权利、接受职业技能培训的权利、享受社会保险和福利的权利、提请劳动争议处理的权利以及法律规定的其他权利。

显然，"农民工"这一带有歧视性的称谓既不符合现代社会和市场经济的平等规则，也不符合国际惯例，因而必定会产生严重的负面效应：它人为地强化了不平等的意识，伤害了为数众多的社会成员的尊严；加重了就业歧视，影响了一视同仁、普惠的社会政策的制定和实施；固化了城乡二元结构，妨碍了正常的城市化进程；甚至对已有的较大的贫富差距也是起着推波助澜的作用；降低了整个社会的公正程度。更为严重的是，随着更大数量农村劳动力进入城市寻找工作，其负面效应亦将不断加大。

客观地看，在中国社会，彻底消除现有的城乡户籍制度、消除城乡二元结构尚需一段比较长的时期。虽然如此，但是，在从业者称谓方面的逐渐并轨则是应当做到也是完全可以做得到的。正确的做法应当是，逐渐淡化"农民工"或"民工"的称谓，逐渐将之一视同仁地改称为"员工""工人"或"职工"等等，使之与来自城市的劳动者享有平等的对待。如是，有助于消除原有的城市当中从业者的歧视现象，并有助于中国的城市化进程从而最终有助于消除城乡二元结构。

三是宜用"公正对待农民"来取代"善待农民"的提法。

出于对农民困难处境以及对国家能否得到健康发展的忧虑，不少人呼吁，要"善待农民"。

应当看到的是，"善待农民"之说表达了对于农民处境的一种关怀、一种关注，它提醒人们对于农民要有同情之心，对于农民不应只是索取，还应多考虑其必要的休养生息问题。"善待农民"之说还意味着应当基于农民的利益，采取一些必要的政策和措施，以改善农民的具体处境，使农民的生活水准能够得到持续不断的提高。显然，"善待农民"之说是值得称赞的。毕竟，比起漠视农民存在、无视农民利益的做法来说，"善待农民"之说无疑是一个进步，对于中国社会的现状而言具有十分重要的现实意义。

对于农民固然应当善待。但是问题在于，如果对于农民的态度和政策仅仅是停留在"善待"的层面上，则是远远不够的。

"善待农民"说法的一个重要缺陷在于，它带有明显的随机性和不确定性的成分。中国农民现在所面临的困境涉及经济、政治、文化、社会等各个方面。因此，就中国农民目前状况的改变而言，需要从法律、法规和重大社会经济政策的层面予以强有力的支持，需要建立一整套制度化、程序化的东西予以保证。相比之下，"善待农民"之说强调的则仅仅是一种情感、态度，而不是一种制度化、程序化的东西，难以对侵害农民利益的各种因素进行有效的制约。在仅仅是"善待"的情况之下，农民的切身利益得不到基本的、稳定的保障，即便是有一些仓促出台的"善待"措施，也避免不了难以配套以及朝令夕改的前景。"善待农民"之说的另一个重要缺陷在于，它包含着某种不平等的成分。在现代社会中，社会成员都是平等的，都拥有着平等的基本权利。任何一个群体、任何一个社会成员都不应凌驾于另一方。《中华人民共和国宪法》中规定，"凡具有中华人民共和国国籍的人都是中华人民共和国公民"，"中华人民共和国公民在法律面前人人平等"。而"善待农民"之说，既可能体现着公民之间的一种关怀，也可能或多或少地带有一种强势群体对于弱势群体的某种居高临下的色彩，带有某种恩赐的意味，因而不具有完整的平等性。比如，即便是以往的皇帝基于民本的思想或者是出于"水可载舟亦可覆舟"的现实考虑，有时也有可能想到要"善待农民""善待臣民"。但是，皇帝们根本不可能想到要平等对待农民，民本的思想同民权的思想具有本质的差别。"善待农民"之说也说明，中国社会的平等意识亟待加强。有时人们的某种善意可能会不由自主地用不是十分恰当的字句表达出来。说一句客观的也许是不大好听的话，"善待农民"之说仍有可能包含着某种歧视的成分。

显然，应当以"公正对待农民"或"平等对待农民"的说法来代替"善待农民"的说法。

只有以社会公正为基本出发点，才有可能真正做到平等对待农民，才有可能真正改善农民的具体处境。其一，在"公正对待"的基础之上，可以形成真正的平等意识。公正对待的基本依据是平等的公民权。所以，只有立足于"公正对待农民"，才能消除不平等的意识，使农民同城市居民、工人、干部、经理等其他社会群体成员一样，具有真正平等的公民权，从而为消除农民所面临的种种社会歧视确立一个踏实的理念基础。其二，以"公正对待农民"为立足点，有助于将农民问题纳入制度化、规则化、程序化的体系之中，并以此进行相关的制度设计、制度安排和政策制定。这样，就可以使对于农民处境改善的各种举措具有一种长期稳定的效果，从而持续不断地、逐渐解决好农民平等的经济权益、社会权益，诸如平等的就业问题，平等的身份问题，平等的社会保障问题，平等的劳动保护问题，平等的受教育问题，平等的收入分配问题等等。

二十、自由、平等、公正各自的价值及相互关系

随着现代化进程和市场经济进程的推进，随着以人为本理念的深入人心，自由、平等、公正这三个最为重要的价值理念成为现代社会基本制度安排的基本理念依据，成为社会成员行为取向的普遍遵循，也成为人类现代文明的重要标志，成为现代社会区别于传统社会最为显著的标志之一。

既然自由、平等、公正这三个基本理念如此之重要，那么就有必要弄清这三者各自的价值何在，各自有什么样的边界，三者之间又是怎样的关系。

第一个问题，自由的价值及限度。

2012年的冬天，笔者曾经在海南省海口市对一名下岗工人进行了个别访谈，深聊了一个半小时。这位下岗工人先是对社会现状对市场经济进行了激烈抨击，说现在不平等，自己没有尊严，黑心老板腐败官员太多，社会问题太多，不好的事情太多，等等。他觉得，"还是计划经济时代好"，"当时人与人之间平等，工人平等，国企工人有尊严"。听到这里，笔者问了一个问题，"你愿意回到计划经济时代吗？"他不假思索，很干脆地回答"不愿意"。笔者又问，"既然计划经济时代好，你却不愿意回到那个时代，为什么？"这次，他倒是认真想了一会儿，说了一个答案。这个答案既出人意

料，又在情理之中。他说，之所以不愿意回到计划经济时代，是因为"计划经济时代没有手机"。笔者先是一愣，继之细细一想，感到有道理。

手机，这个我们平时熟视无睹、习以为惯的器物意味着什么？手机不但意味着生活质量同以往相比的大幅度提高，更为重要的是，手机意味着自由。有了一部手机，就意味着手机拥有者有了很大的可以自由掌控的空间，有了很大的自我选择的余地。这也难怪现在不少人一旦忘记带手机，一整天都有可能心神不安。这也从一个重要角度说明，即便是在这位对不平等现象有着强烈不满的下岗工人那里，只要基本生存不成问题，那么，自由便成为一件最为重要的事情，重要到超过对平等向往的地步。

马克思极为看重自由，认为，"人的类特性恰恰就是自由的自觉的活动"（《马克思恩格斯全集》第 42 卷，第 96 页）。马克思断言，人类理想的社会"将是这样一个联合体，在那里，每个人的自由发展是一切人的自由发展的条件"（《马克思恩格斯全集》第 39 卷，第 189 页）。这里，需要我们注意的是，马克思所追求的是"自由人"的联合体，而不是"平等人"的联合体。自由和平等在马克思那里孰轻孰重，于此可见一斑。

所谓自由，主要是指在合理法律的规定范围中，社会成员能够免于他人的限制和强制、做自己想做的事情。在传统社会这样的等级制社会当中，地位低下的大多数人对于占统治地位的少数人表现出一种明显的依附性，而无权决定自己的行为。现代社会则不然。在现代社会和市场经济条件下，社会成员普遍具有了独立的个体人意识，以往的那种"臣民""子民"意识就必然会消失，取而代之的是社会成员对自己行为独立、自主、合意的选择。

自由状况的如何，决定着一个社会的活力及创造力状况的如何。从思想观念创新角度看，思想观念的高度与丰富性的如何，在很大程度上决定着一个社会的活力、想象力及创造力如何。而思想观念有着怎样的高度和怎样的丰富状况，则在很大程度上取决于思想的自由状况。思想自由能够为思想观念和科学技术的发展提供不竭的动力和巨大的空间。从经济创新角度看，经济领域一旦具有自由创造的空间，那么，就必然会激发每一个社会成员的活力，使整个社会创造财富的智慧得到最大限度的汇聚和释放。从社会分工效率角度看，自由意味着社会成员按照自己的意愿和努力去做事情，是一件"合意"的事情，因而相对来说更容易寻找到适合于发挥自身潜能的职业位置，进而能够充分开发社会成员的潜能。

自由固然极为重要，但不难极端化，不难突破两个限度。一个限度是平等。一旦突破了平等限度，极端的自由者只是按照自己的意愿、自己的利益冲动去行事，而不顾及他人，那就不可避免地会损害他人的自由，侵占他人的合理利益。另一个限度是社会合作。极端化的自由一旦损害了必要的社会合作，从长远的角度看就会损害每个人的自由发展空间。

第二个问题，平等的功能及边界。

所谓平等，主要是指这样一种普遍的取向和期待：社会成员应当拥有相同的基本权利，社会成员的基本尊严应当得到一视同仁的保护，社会成员在融入社会生活以及寻求自身发展时应当得到无差别的基本平台。在现代社会和市场经济条件下，平等成为一种历史的必然趋势，被社会和民众广泛认同和接受。尤其是市场经济的出现和发展，更是十分直接有力地推动了平等理念的形成和普及。当市场经济对等的商品交换模式逐渐成为社会所流行的一种生活方式时，隐含其中的平等精神也就必然会在全社会范围内得以普及和流行，平等的理念也就因之而具有了广泛而深厚的社会基础。

平等是社会整合与社会安全的必要保证。不平等现象必然会造成社会的不安全。不平等现象会使遭受不平等对待的社会成员产生一种剥夺感，进而引起对社会的不满心理和抗争行为。毛泽东所说"哪里有压迫，哪里就有反抗"实乃至理名言。重要的是，这种不平等现象如果比较严重的话，比如直接影响到一部分社会成员基本生存问题时，特别是如果涉及的社会成员过多，同时又是涉及社会主要群体的话，那么，由此所引发的反抗力度就会大幅度增强。一些发展中国家和地区的经验说明，不平等现象不可避免地会引发种种严重的社会问题，造成激烈的社会冲突和社会动荡，形成社会危机，进而对社会的安全运行造成十分不利的影响，增大发展的成本，严重者甚至会使发展进程陷入中断。显然，提升一个社会的平等程度，就可以从一个重要的角度消除社会不稳定的隐患，从而确保社会的安全运行。

不管平等多么重要，但平等毕竟是有其合理边界的。这个合理边界就是，不能损害自由，不能损害人的多样化存在状态。如果突破了这个合理的边界，平等就会产生程度不同的社会负面效应。

第三个问题，自由、平等、公正的关系。

自由和平等两者是一个有机整体，互为前提，两者缺一不可，谁都离不开谁。没有离开自由的平等，也没有离开平等的自由。两者共同生长、相互促进，共同推动人类文明的进步和社会经济的发展。如果说两者的功能还有差别的话，那就是，平等侧重于对个体人基本种属的肯定和保护，而自由则是侧重对个体人所具有的个体差异的尊重和保护。

尽管自由和平等都很重要，但两者各自在现代社会当中的影响权重还是有差别的，并非等量齐观。就两者的具体关系而言，自由更加重要。简而言之，自由是平等的目的，平等是自由的保障。虽然平等具有自身的相对独立性，但从根本上讲，平等是为自由服务的，是为自由提供保障的。试想一下，在一个假设的环境中，A、B两人都是自由的，但是A瘦小，体弱多病，而B却是身高马大，强横不讲理。于是，B 随时能够侵害 A 的合理利益，侵害 B 的自由。这样看来，为了确保每个人都有完整的自由，整个社会需要有个平等的底线来进行保障。这就是平等的来源和意义。正是从这个角度讲，平等实际上是自由合理范围的底线和边界，是自由的"最大公约数"，亦即自由底线的"最大公约数"。平等实际上是每一个社会成员拥有的基本权利。凭借平等，社会成员不但能够得到自己应当具有的一些东西，而且，更为重要的是，可以防止别的社会成员或群体对于自己合理利益可能的伤害，可以防止别人以自由为借口来损害自己的自由。

与自由、平等相比，公正是一个更高层面的现代理念，公正包含了自由和平等的基本取向。自由、平等从属于公正。

自由和平等两者都存在着"过度"的可能性。进一步看，两者都需要限制。其中的一项重要限制，就是都需要分别以对方的一定发展状况作为自己存在、发展的边界和前提。换言之，从自由的角度看，只有以平等的必要发展水准为边界，才能形成合理恰当的自由；从平等的角度看，只有以自由的必要发展水准为边界，才能形成合理恰当的平等。

显然，与自由、平等不同的是，唯有公正不存在"过度"的可能性。我们听说过"过度的自由"现象，也听说过"过度的平等"现象，但恐怕谁也没有听说过"过度的公正"现象的发生。原因很简单，合理恰当的自由加上合理恰当的平等就是公正。

二十一、平等的重要特征

与自由相比，平等这一理念具有一些重要的特征。正是这样一些重要特征的存在，使得平等在某些条件下，会偏离平等的应有之义，而酿成某些严重的负面效应。

第一个特征，平等往往包含着过多的理想化成分。

同自由相比，平等本身以及人们对于平等的追求，往往是容纳了大量理想化的甚至是激情化的成分，动力强劲。之所以如此，大致原因在于：其一，平等这一名词十分宽泛，可以包容很多的意思。它既可以是指公正的平等（与自由相适应的平等），也可以是指与自由脱节的均等、平均主义、民粹主义等等。于是，不同的社会成员往往可以基于自己的具体境况、按照自己的特有要求，对平等的不同含义各取所需，进行任意发挥，恣意想象。其二，人们对于平等的追求在不小的程度往往可以脱离社会的实际状况。人们在谈论平等问题时，不需要亲历亲为地去建设同平等相关的制度，往往只是从"应当"的角度进行，或者只是从批判、抨击、抗争种种不平等现象的角度来表达自己对于不平等现象的愤恨以及对于平等目标的理解和对于平等理想的追求。

过多理想化成分这一特征，使得平等处在一种十分复杂的境地。一个社会不能没有理想。而在种种理想当中，平等是一个十分重要的理想。恰当的理想是推动社会前进的不竭动力。但是，过多的理想成分，意味着人们赋予平等过多的而且往往是差别很大的要求和期望。这些要求和期望一旦得不到满足，人们就会程度不同地产生一种相对挫折感，进而就会对社会产生某种不满情绪；同时，这种不满情绪反过来很有可能会强化人们对于平等理想目标更为强劲的追求，于是，对平等理想的追求同相对挫折感的不断累积这两者形成了一种难以拆解的循环圈。假如力主理想化平等的社会成员占据了社会当中的优势地位，并且强行将这种过于理想化的平等目标变成现实层面上的事情，那么，就势必会程度不同地毁坏现有的社会秩序，同时却又无法依据理想化的平等目标建立起新的、能够被现实社会和民众认同的新的社会秩序。如是，社会则会陷入一种混乱、无序的状态。

第二个特征，平等拥有广泛而深厚的民众基础。

比起自由来说，平等有着更为广泛和强大的民众基础。显然，同自由相比，平等对民众更有吸引力。托克维尔很早就看到了这一点，指出"人们习惯于爱平等甚于爱自由"（[法] 托克维尔：《论美国的民主》下卷，商务印书馆 1988 年版，第 622 页）。

由于平等强调民众性，而民众又往往十分看重相似性和一致性，于是，人们有时难免轻视了差异的极端重要性，进而忽略了自由的最大公约数亦即自由的底线，从而使平等脱离健康发展的轨道，这样就必然会使平等进程变形走样。而且，需要注意的是，片面的、走形变样的平等往往是脱离了自由的底线要求，强调多数人原则而轻视个体人的极端重要性。在这样的情形下，对于大量的社会成员来说，有时不一定知道自己应当干什么事情，却知道不允许别人干什么事情。人们更容易按照社会大群体的原则来划定是与非、认同与不认同的界限，进行某种不公正、不合理的制度安排，从而造成以多数人左右少数人的目标取向，甚至造成了现实的有害局面。像是平均主义社会、计划经济以及多数人的暴政等有害现象在很大程度上均是按照这种逻辑生成的。重要的是，由于平等的民众基础的广泛和深厚，因而其内在能量极大，所以，平等一旦走偏、失控，其破坏力巨大。

第三个特征，平等需要支付更多更高的社会成本。

一般而言，社会对改善平等状况所支付的成本要明显高于对改善自由状况所支付的成本。自由的成本相对较低。从某种意义上讲，社会对于自由成本的支付往往只需出台相关的制度和政策、划定某些不能逾越的界限、成立相关的保护机构就大致可以，而在协调社会群体之间的关系以及公共资金方面的投入成本相对较小。

平等则不然。社会对平等所支付的成本往往不仅包括在制度或政策层面上的大动作，还要包括大量的人力、物力以及公共资金方面的投入，用于诸如社会保障、义务教育、公共卫生以及住房保障等方面的建设，成本较高，在某个特定的时期甚至可以说是成本高昂。从技术角度看，社会对平等所支付的成本还要包括配套措施的跟进。这是因为，平等是一件十分复杂的事情，事关平等的种种制度和政策往往是相互抵触、矛盾的，有些制度或政策之间甚至永远是抵触和矛盾的。这就需要花很大的人力、物力，进行必要的法律法规修订和各种协调，以期将种种平等的政策予以配套，将其中抵触和矛盾所产生的不利影响降至最低限度。以中国现阶段的农民工现象为例，我们可以清晰地看到社会对于平等的支付成本要远远高于对自由的支付的成本。让农民工获得自由是一件相对来说比较容易做到的事情，只需出台一些允许农民工自由流动、解除以往的不公正限制的政策就行。但是，要想让农民工真正地享有自由，就必须让农民工享有平等的对待，这就需要相关平等的制度和政策跟进，而且是高成本的平等制度和政策。于是，这就涉及户籍制度、劳资政策、社会保障制度、子女就学、特别是住房保障等方面一视同仁的制度和政策，成本极高。

对于平等需要支付更多更高的社会成本这一现象的原因是不难理解的。自由对社会所需要支付的成本相对较小，却需要社会成员个人本身支付相对较高的成本。比如，当必要的政策已经具备的情形下，是否迁徙流动、能否如愿顺利就业等等，在很大程度上便成为个人需要下决心并努力争取的事情，而且个人还要面临许多风险因素。相比之下，社会成员个人对平等所支付的成本较小，主要限于呼吁、争取等行动。平等主要是一件需要社会支付其成本的事情。再者，社会成员对于平等的期望值与社会能够使之满意的能力相比，两者之间的差距往往较大。社会成员对于平等往往难以满足，期望值却很容易持续提高：没有的需要争取有，已有的则要争取更有。这就必然会导致平等所需社会成本的迅速攀升。

平等需要更多更高的社会成本这一特征，对社会产生了深远的影响。平等是历史的必然趋势，社会固然应当为平等这一重要的理念追求付出必要的成本。但同时应当看到的是，平等需要相对过高而且是相对越来越高的社会成本，容易使一个国家产生一种两难的现象。一方面，过高的平等成本使得一个国家需要不断进行大量的公共资金投入，而越来越大的公共资金投入往往使得国家力不胜任，造成财政紧张，进而挤占了本应用于发展科学技术、增强经济竞争力等方面的公共资金，从而削弱社会活力；另一方面，当一个国家试图减轻这方面的压力，将用于平等方面的公共资金予以必要的削减时，就很有可能会引发民众的不满，甚至会引发社会骚乱，造成社会的不稳定现象。

二十二、三种畸形化的平等

一般来说，一个社会，无论是传统社会还是现代社会总会或多或少地夹杂着平均主义一类的过度平等的成分，但一般的平均主义成分毕竟成不了社会的主流，左右不了一个社会的大局面。但是，在种种因素的作用之下，一旦过度的平等演化成极端的、能够左右社会局面的畸形化平等，那么将会对整个社会造成极大的破坏作用。就此而言，最为极端的畸形化平等有这样三种类型：

第一种类型，体制化的平均主义。

体制化的平均主义，是通过上下结合，并与制度安排结合在一起而实现的。虽然这是一种畸形的平等，但整个社会毕竟没有失控，仍有着特定的秩序，社会经济还在运行（尽管是不规则的运行），延续的时间相对较长。改革开放以前的中国、苏联以及前东欧国家就属于这样一种类型。其中，改革开放以前的中国更具典型意义，因为当时中国的计划经济体制拥有更为广泛的群众基础，而苏联以及前东欧国家的官僚系统及其特权要比中国大得多，绝对平等化的成分因之相对少了许多。

改革开放以前中国体制化的平均主义的基本特征是，实施资源的全方位垄断，进行思想和非公有制经济两个领域的重点打压，配以高强度的社会动员，予以反复强化，最终形成了一个强固的平均主义计划经济体制。

　　始初，体制化平均主义客观上产生了一定的积极作用。比如，中国和苏联的体制化平均主义曾经在结束以往十分不平等的社会，建立民族重工业和军事体系，推动大众教育、女性解放，实现民族平等方面作出了不小的历史贡献。但是，随着时间的推移，体制化平均主义对于社会所造成的危害逐渐加重，甚至最终会成为社会发展的巨大障碍，从而走向了真正意义上的平等的反面。其一，造成了严重的人身依附性和隶属性。在体制化平均主义条件下，国家对社会经济资源进行全方位的控制，公权因之几乎得到了无休止的扩张，个体人必须依附于某个单位或公社，而不可能拥有自我选择的空间，甚至不具有自主流动的权利。而且，在涉及国家、集体同个人的关系问题时，毫无疑问地是前者对于后者的绝对优先位置，为了前者的利益哪怕是最小化的利益，也可以牺牲后者最大化的利益。其二，形成了新的身份等级制。在苏联，形成了国家管理干部为一极、群众为另一极的两大等级。前者拥有着多种多样的特权。在改革开放以前的中国，则是通过严格的户籍制度，将城市居民和农村居民分为两个在生活及工作待遇上有明显差别的、十分不平等的身份系列；通过个人的政治成分和"家庭出身"，将所有的社会成员划分政治信任度、社会地位有重要差别的不同的政治等级系列。其三，社会成员的私人领域程度不同地被控制和侵害。在体制化平均主义条件下，人们往往并不知道自己应当做些什么事情，但往往知道不准别人做些什么事情。在体制化平均主义条件下，没有个人的基本权利可言，没有个人隐私可言，甚至没有社会成员作为个体人的基本尊严，就连个人的生活方式也被严格限制、整齐划一，社会所倡导的是禁欲主义。其四，窒息了社会创造活力。人身依附性、新的等级制以及私人领域的消失，使得大多数社会成员丧失了个人的生活希望和发展前途。社会是由无数个个人组成的。大多数社会成员个人希望和发展前景的丧失，必然同时也就意味着整个社会的创造活力的丧失。无论是苏联、东欧国家还是改革开放以前的中国，均是完全一致地呈现出一种社会创造活力日益递减、经济发展效率日益走低、民众精神状态日益萎靡不振的情状。

第二种类型，"多数人的暴政"。

"多数人的暴政"主要是指，当平等被膨胀到极端地步时，就容易形成一种多数人依据人数的优势而不是公正的原则来左右少数人行为甚至是命运的局面。这又分为两种类型。一种类型是，在社会相对常态运行亦即社会还没有失序的情形下，一些重要的政策和行为依据人数的多少或多数人民意的如何来制定和选择。比如，一些发展中国家民主化进程的民意滥用以及现在网络上的一些大众暴力现象就大致属于这种类型。另一种类型是，在社会相对失序的情形下，多数人对于少数人命运的草率决定。后一种类型的"多数人的暴政"最为典型，其危害也最大，更应当引起人们的重视和警惕。后一种类型的"多数人的暴政"在法国大革命和中国"文化大革命"期间得到了充分的体现。

社会失序时期的"多数人的暴政"是一种自下而上的畸形平等。这种畸形平等呈现出自发性、非理性、无序和无政府的状态，持续的时间一般相对较短，但在单位时间内所造成的破坏性更大，其危害更加深远。

从某种意义上讲，"多数人的暴政"的危害甚至并不亚于"少数人的专制"。平等原本就有着理想化的成分和广泛而深厚的民众基础，而畸形平等更是由于有强烈的激情和强大的民众基础作为巨大支撑力量，其动能更加强劲。"多数人的暴政"有可能会达到极端地步。在以强烈的激情和强大的民众基础为支撑的强劲动能的推动下，人们为了一种极端化的理想目标，很有可能会形成丧失理智的残暴行为，"'造就爱的王国需要血流成河'，罗伯斯庇尔如是说"（[英] 以赛亚·伯林：《自由论》，译林出版社2003年版，第393页）。"多数人的暴政"一旦达到极端，社会控制系统就会相应失效，而由"多数人"来代行其职。在这样的情形下，整个社会没有任何规则和法律可言，社会必然陷入混乱状态，出现以多数人的意志左右整个社会的局面。这时的多数人意志会呈现出一种随意、多变和狂热的特征。并且，这种多数人的意志往往缺乏最基本的责任感，甚至比不上少数人的专制，因为即便是少数人的专制还有个少数人责任心的问题，还有可能从"家天下"的角度考虑如何将社会长久维持下去的问题，因而还要保持社会秩序，不敢让社会混乱。

极端的"多数人的暴政"对于自由以至于整个社会会造成巨大的灾难。在极端的"多数人的暴政"情形下，社会成员所面临的已经不是一个能否保持自由选择的问题，而是基本权利能否得到起码保障的问题：个人财产可以被随时剥夺，就连个人生命也显得微不足道、随时可能被剥夺。而且，看似多数人决定少数人的命运，实际上是人人自危，这是因为在如此的背景之下，多数人当中任何一个人的未来命运都是不确定的。再者，极端的"多数人的暴政"使得整个社会陷入全面内乱和严重危机的状态，使得经济、社会基本不可能保持正常运行局面，使得社会为此付出巨大的代价。

第三种类型，"社会暴虐"。

在极端的体制化平均主义以及极端化的"多数人的暴政"的基础上，有可能会造成一种如密尔所说的"社会暴虐"现象。"社会暴虐"是指多数人通过人伦、社会习俗以及社会舆论对少数人所形成的社会性控制和压迫。这也是应当引起人们高度警惕和防范的另一种极端的畸形化平等现象。

在"社会暴虐"的状态中，社会成员显得孤立无援：本来所能依靠的最为基本的人伦基础已经靠不住，家庭、亲戚等基础性的群体相互间已经丧失信任感和依赖感；法律的缺失使得人们也不可能指望依靠法律而获得支持；人们不能超出社会所规定的范围去思想，谈不上独立思考，否则便是危险的"异端邪说"，为整个社会所排斥；人们的种种行为被巨大的、无形的、几乎是无孔不入的种种社会力量全方位限制、监控，精神受到空前的折磨；社会成员时刻面临着各种威胁，基本的生活缺少起码的可预期性。在这样的情形下，对于许多社会成员来说，已经不仅仅是个人有没有前途和希望的问题，而是在现实社会当中还要面临种种恐惧的问题。比如，在缺乏法律保障的苏联斯大林时期，先后进行过五次全国性的大清洗，其中，"领导十月革命的 24 名中央委员中，除 2 人被反动派杀害、7 人自然死亡、1 人失事遇难，其余 14 人皆受到不公正对待或被非法处死。1919 年至 1935 年的 31 名政治局委员中，竟有 20 人遇害。1937 年莫洛托夫为主席的人民委员会的 21 名委员中，幸存的只有莫洛托夫等 5 人（1 人被撤职），其余的全部被处决，其中包括 4 名副主席。这使党和国家最高领导层都缺乏安全感，造成了人人自危的非正常气氛"（黄苇町：《苏共亡党十年祭》，江西高校出版社 2003 年版，第 38 页）。

"社会暴虐"对于自由形成了最为直接的损害，甚至是毁坏。人是社会关系的总和，社会性是人的最为基本的特征之一。显而易见的是，自由在很大程度上是指社会成员在社会环境中的自由，而"社会暴虐"则从社会环境层面上直接损害了自由。这种损害极为严重，从一定意义上讲，比自然灾害对社会成员所造成的损害还要严重。因为当自然灾害来临时，人们还有可能躲藏到别的地方，但是面临"社会暴虐"，人们无处躲藏。人是社会动物，总不能走到社会以外，而只要在社会当中，人们就找不到能够躲藏"社会暴虐"的地方。同样，从一定意义上讲，"社会暴虐"比政治压迫还严重。因为受到政治压迫的往往是某个群体，这个群体的成员相互之间还可以照应和安慰。但是，当社会成员面临"社会暴虐"时，情况就要严重得多。正如密尔所指出的那样，"这种社会暴虐比许多种类的政治压迫还可怕，因为它虽不常以极端性的刑罚为后盾，却使人们有更少的逃避办法，这是由于它透入生活细节更深得多，由于它奴役到灵魂本身"（[英] 约翰·密尔：《论自由》，商务印书馆 1959 年版，第 4 页）。"社会暴虐"对于自由的损害，意味着损害了社会活力的根基。在这样的情形下，社会不可能保持正常发展的局面。

二十三、畸轻畸重的自由和平等

在中国改革开放前后的各30年间，自由和平等表现出一种畸轻畸重的情形。这种情形在很大程度上反映出改革开放前后不同历史阶段社会发展的基本脉络和基本特征。

中国改革开放以前30年自由和平等的基本状况，一言以蔽之，那就是"平等相对有余而自由明显不足"。这里所说的"平等相对有余"，一是指同以往各个历史时期相比，改革开放以前30年间中国社会成员所拥有的平等是空前多的一个时期；二是指同真正现代意义上的平等相比，这一时期的平等还有非常大的差距，人们在这一时期所拥有的平等只能说是一种十分初级的、带有很大局限性的平等，或者说是"1.0版的平等"。"自由明显不足"则是指，自由和平等出现一种明显分离的情形，即：中国民众在初步、大面积获得平等的同时，却在很大程度上失去了自由。

在改革开放以前的30年，中国社会通过计划经济体制、高纯度的公有制以及高强度的社会动员等多种十分有效的方式，通过国家全面垄断社会经济资源并直接实施初次分配和再分配，通过彻底的社会改造，实现了初步的、但却是大面积的平等。

当时的平等主要表现：其一，消灭了以往阶级之间严重的不平等现象。在新中国成立之初，最为重要的事情恐怕就是完成了土地改革。通过土地改革，解放了中国社会当中的大多数成员——农民，使之获得了前所未有的平等地位。其二，占人口二分之一的女性获得了解放。新中国成立后，陆续颁布的《宪法》《婚姻法》《选举法》《继承法》等多部法律和法规，明确规定了对于女性权益的全方位保护。重要的是，中国女性的解放不仅仅停留在形式上的法律层面，而是落实到了现实的社会生活当中，这就使得中国女性的解放成为一种现实。其三，民族之间实现了平等。国家在民族平等方面做了大量的事情：将民族平等以法律的形式固定下来；实行民族区域自治政策；在大多数少数民族地区，进行必要的民主改革；制定并实施种种确保少数民族平等权利的具体政策。由此，中国的少数民族获得了前所未有的平等地位，其经济、政治、民生状况得到了空前的发展。其四，大众教育得到了前所未有的普及和发展。其五，社会救助政策、劳动保险及福利政策开始得以制定并实施。

但是，自 20 世纪 50 年代后期开始，在"以阶级斗争为纲"的政治运动日益升级、计划经济体制日益强化的时代背景下，当时中国必然会呈现出一种"自由明显不足"的情形，从而与当时"平等相对有余"的情形形成鲜明对比。其一，思想自由的阙失。当时，由于意识形态的绝对化，由于意识形态在全部社会生活中政治生活有着无可争辩的压倒性位置，所以，全体社会成员只能遵循一种思想、一种观念，除此之外的思想和观念便是应当被批判和消灭的资产阶级、封建主义、修正主义等反动思想和异端邪说。其二，择业和创业自由的阙失。当时实行的是计划经济体制，而计划经济体制意味着国家对全体社会成员赖以生存、生活、工作、发展的所有资源进行全方位的垄断，任何一个人离开了单位、离开了国家、离开了组织和集体就没法生存。在这样的时代条件下，社会成员根本谈不上择业和创业自由的可能性。其三，迁徙和流动自由的阙失。当时，在严格的户籍管理制度和档案管理制度下，社会成员形成了严重的人身依附性和隶属性，社会成员不可能按照自己意愿进行横向的诸如跨地区、跨城乡的水平型流动，也难以进行向上的发展型流动。其四，生活自由的阙失。当时实行一种极端的道德化、政治化的生活方式。社会成员一旦考虑自己的正常生活、个人或家庭的合理利益问题，就往往被视为"自私自利"的个人主义。如是，社会成员的生活自由也就成为不可能的事情。

始初，"平等相对有余而自由明显不足"现象使整个社会充满了活力。但是，随着人们对平等的新鲜感和热情的逐渐消失，随着20世纪50年代少许存在的自由空间的逐渐消失，这一现象逐渐使中国社会丧失了活力。

与改革开放以前30年明显不同，对改革开放以来30多年自由和平等的具体状况，如果也用一句话来概括的话，那就是"自由相对有余而平等相对不足"。"自由相对有余"有两层意思，第一层意思是，同以往各个历史时期相比，中国民众现在具有了前所未有的自由。这种自由推动了中国社会经济的巨大进步。"自由相对有余"的第二层意思是，这一时期的自由只是一种初级的自由，是"自由的1.0版"，离真正意义上的、制度化的自由还有较大的差距。"平等相对不足"是指，这一时期社会成员所拥有的平等相比自由来说，则显现出一种发育明显不足和明显滞后的情形，并对中国的发展产生了不小的消极影响。

改革开放以后，随着计划经济体制的迅速解体和市场经济体制的逐渐形成，人们赖以生存、工作、发展的资源不是由哪一级组织和单位能够控制得了的，而是扩散到了整个社会；随着"以阶级斗争为纲"、政治压倒一切局面的结束，以人为本的基本理念逐渐形成并深入人心。在这样的时代背景下，中国民众取得了初步的但却是大面积的自由。其一，刚刚开放之初，思想自由对于整个中国社会自由的进步来说，不但是最先迈出的一步，而且对于其他领域自由的进步具有直接的推动作用。其二，中国社会想方设法鼓励、帮助一部分社会成员率先致富，同时消除了以往实际上的"财富原罪"以及私有财产是万恶之源的有害观念，使得中国民众获得了空前的创造财富的自由。其三，社会成员的自主择业成为一种趋势，社会成员原来的种种人身依附性和隶属性逐渐消失，社会成员的自致性努力逐渐成为现实，社会流动程度大幅度提高。其四，从20世纪80年代起，中国民众开始空前重视日常生活、重视生活方式的多样化问题。

自由实际上是对于社会成员发展活力、发展潜力所面临的条条框框的破除。改革开放以来，人民正是通过基于自由的创造，极大地推动了中国的发展。

同时还应看到，改革开放以来30多年间人们所得到的自由只是一种初级的自由，是"自由的1.0版"。这种自由是一种缺乏在制度和政策层面上对社会成员的平等权利予以保护的自由，远远不是制度化了的自由，因而不可能具有长期稳定的意义，需要升级换代到"自由的2.0版"。

当中国市场经济意识开始普遍形成的时候，各个群体之间必然会出现相互竞争的情形。这时，缺乏资源优势和基本权利保障的社会群体必然会面临着机会不平等的局面，处在十分不利的、弱势化的境地，其基本利益往往会受到严重的损害。平等规则的阙失会使社会的制度安排出现严重的问题，使整个社会陷入某种无序的状态之中，同时也会使自由出现变异的情形，即：一部分人的自由损害另一部分人的自由。这进而会使处在强势位置的群体凭借着资源的优势和无序的"竞争"，使自己原本"基于自由的创造"的行为变成一种"基于自由的为所欲为的利益扩张"的行为，使市场经济丧失起码的平等性，甚至会造成少数人的资源得到极大的、超常规的扩张的情形。中国社会目前之所以出现了许多不公正的现象，一个重要的症结便在此。对于此种现象，如不进行有效的阻止，便会严重损害中国社会的正常秩序，扭曲中国社会基本的制度安排，损害中国社会的安全运行和健康发展；而且这种负面效应会随着时间的推移呈现出一种加速度累积的情状。

显然，改革开放前后两个 30 年间畸轻畸重的自由和平等现象，为中国未来的发展提供了可资借鉴的重要教训。而且，由于这种教训是我们这个民族在付出了巨大成本的条件下得到的，所以，尤其应当引起人们的重视，千万不能重蹈覆辙。同自由相比，中国现阶段的平等明显不足，但是，千万不能用改革开放以前的极端平均主义的方式来消除中国社会目前来之不易的自由，而是应当在保证自由充分发展的同时，为这个社会注入同样是必不可少的平等成分，建立起基本的平等保障制度，使得自由和平等两者得以协调和均衡的发展。唯有如此，才能进而推动中国的发展持续而健康地进行。

二十四、社会主要群体的弱势化趋向

在中国现阶段，人们在谈论社会不公现象时，往往只是注意到了过大的收入差距以及凸显的民生问题。实际上，像是收入差距以及民生问题只是一种外在的指标、外在的现象。更需要我们注意的，是这些外在指标、外在现象的背后的问题，亦即社会阶层结构层面上的不公问题，这才是基础性和本源化的问题。而在社会阶层结构层面诸多的不公问题当中，有两方面的问题最为明显：一方面，从基础阶层层面上看，是社会主要群体的弱势化趋向；另一方面，从较高位置阶层层面上看，则是精英群体之间出现的某些利益结盟迹象。

改革开放以来，中国社会主要群体的基本状况获得了大幅度的改善和明显的进步：绝对生活水准的大幅度提高；竞争意识和竞争能力的大幅度提高；以往的"虚高"成分已经消退，以职业分工为阶层定位基本依据的趋向越来越明显；三大产业人员构成比重发生了正向的变化。

但同时应当看到的是，弱势群体现象已经成为中国社会当中一个日益凸显的重要问题，这是一个不争的事实。在任何一个正常的社会，都存在着弱势群体，其成员一般多为老弱病残等丧失劳动能力者。中国社会弱势群体问题的不同之处在于，中国不仅仅存在着一般意义上的数量十分巨大的丧失劳动能力的弱势群体成员，而且更为严重的是，中国社会的一些主要群体如工人群体和农民群体当中的许多成员，其本身并没有丧失劳动能力，相反，其劳动年龄和劳动精力往往处在最好的时期，而恰恰是这样主要群体当中的一些成员呈现出一种弱势化的趋向。这一现象虽然只是一种趋向，尚未定型，但必须引起我们的高度警惕。

第一，劳动者的劳动收入没有得到应有的增长。

这些年来是中国职工人数以及第二第三产业当中就业人数迅速增加的时期，更是经济规模迅速发展扩大的时期。基于这些因素看，劳动者劳动收入在国内生产总值当中的比重原本应当迅速提高。但是，由于种种因素的影响，却出现了一种相反的现象，即：虽然从绝对值看，劳动者的收入有所增长，但是其相对份额却出现了不断明显缩小的情形，劳动者的劳动收入同劳动投入两者之间不成比例，劳动者的劳动收入没有得到应有的增长。一个突出的表现是，在国民收入的分配中，劳动者报酬比重呈逐年下降的趋势。比如，根据《中国统计年鉴—2008》相关数据测算，中国职工工资总额占国内生产总值的比重从 2006 年起略有回升，但总的趋势是呈逐年下降的态势，1991 年为 15.2%，1996 年为 12.9%，2000 年为 10.9%，2006 年为 11%，2007 年为 11.3%。另有数字显示，从 2002 年到 2006 年，企业的收入在国民收入中的比重从 20% 上升为 21.5%，上升了 1.5 个百分点；政府收入比重从 17.9% 上升到 21.4%，上升了 3.5 个百分点。（陈江生：《调整国民收入分配格局事关重大》，《学习时报》2008 年 3 月 25 日）而在成熟的现代社会和市场经济体中，在初次分配之后，劳动者报酬占 GDP 的比重，美国接近于 70%，其他国家和地区普遍在 54% 至 65% 之间。（徐平生：《初次分配不公致中国 GDP"不实"》，《上海证券报》2006 年 8 月 15 日）

第二，许多劳动者的基本权益难以得到切实有效的维护。

这一问题表现在很多方面，其中最为突出的表现是劳动者的劳动安全条件没有得到应有的保障。据国家安全监管总局新闻发言人披露，中国生产亿元 GDP 死亡率是先进国家的 10 倍；工矿商贸 10 万人事故死亡率是先进国家的 2 倍多；煤炭百万吨死亡率是世界平均的 5 倍多。（黄毅：《我国生产亿元 GDP 死亡率是先进国家的 10 倍》，新华网 2008 年 1 月 18 日）

第三，工人和农民的相对地位在明显下降。

从某种意义上讲，中国社会主要群体在弱势化的同时，也逐步边缘化了，其社会及政治地位和影响力在逐步下降。其一，对政策的影响力明显下降。在人民代表大会等重要的立法或是议事机构当中，工人和农民的代表数量很少，与其在总人口中所占的比例很不相称，因而在制定相关的政策时难以充分反映和有效维护工人和农民作为社会主要群体的切身利益。比如，在全国人民代表大会当中，工人和农民代表的比例从 1977—1981 年的 26.74% 和 20.59% 分别迅速降至 1983—1984 年的 14.88% 和 11.69%，又降至 1993 年的 11.15% 和 9.40%，再降至 1996—1998 年的 10.84% 和 8.06%。（根据刘智等《数据选举：人大代表选举统计研究》（中国社会科学出版社 2001 年版）有关数据整理）其二，相对剥夺感较强。有调查显示，在城市所有的阶层当中，社会的主要群体——工人阶层在经济收入和社会地位方面相对剥夺感的程度是最高的和次高的。（郑杭生等：《当代中国城市社会结构》，中国人民大学出版社 2004 年版，第 133 页）其三，在一定程度上开始远离社会主流生活。现在社会上许多"前卫""现代"性的价值观念同社会主要群体似乎很难搭界，许多主流媒体所热衷渲染的生活方式如"白领"化的高消费生活方式也很难为主要群体中的多数人所认同和效仿。正是从这个意义上讲，主要群体中的很多人开始游离于社会主流生活之外。其四，与前述情形相适应的是，劳动者的尊严开始丧失。2007 年，根据一项上海 4000 户入户调查，仅有 1% 的人愿意做工人。（《调查显示仅有 1% 人愿做工

人 官本位思想根深蒂固》,《北京日报》2007 年 4 月 8 日)

社会主要群体弱势化这一问题所造成的负面影响是广泛而深远的。这一现象在很大程度上会抵消发展的成果,使共享发展的基本理念难以实现。社会主要群体弱势化趋向这一现象还会削弱内需拉动力,进而严重降低中国发展的持续推动力。中国目前的消费内需拉动力之所以无法得到有效的提升,其关键性的原因就在于社会主要群体的消费能力较为有限。尤其需要引起人们注意的是,这种现象必然会使各个社会群体之间在利益增进方面出现相反方向而不是同一方向的移动趋向,即:富裕群体的利益增进同社会弱势群体基本生活的改善是脱节的,而不是同步化。当社会各个阶层之间的隔阂和抵触积累到一定程度时,必定会进一步引发社会的不安。

二十五、精英群体之间的利益结盟

应当承认，精英群体对于一个社会来说是不可缺少的。现代社会越来越离不开精英群体，或者说精英群体在现代化进程所扮演的角色越来越重要。原因很简单。现代社会有一个很明显的特点，这就是，职业分工越来越细致，专业化程度越来越高，社会各种复杂的成分越来越多。而对于这样一个日益复杂化、专业化、职业化的社会进行日常的管理，就必须依赖一个职业化、专业化的精英群体。精英群体还在很大程度上显示了这样一种状况，只要遵循机会平等的社会公正规则，位置相对较低的阶层成员通过努力也可以跻身于位置相对较高的精英阶层。

与传统社会很不相同的是，在现代社会，各个精英群体之间的边界是清晰的。这种情况是由现代社会中社会分工的特点所决定的。现代社会的职业分化程度越来越高，专业化程度越来越高，因而精英群体之间的边界也越来越清晰。复杂的职业分化以及精英群体之间的种种边界是靠种种规则和制度予以支撑和保证的。现代社会中各个精英群体之间边界的这种状况能够有效防止位置较高的精英群体之间的利益互换，从一个重要的方面能够有效防范某个或某些位置较高的阶层对于公众利益的侵害。

一旦处在较高社会位置的精英群体成员之间的界限出现模糊的情形，不同的精英群体成员之间进行利益联盟，那就往往会意味着公众的利益受到处在较高社会位置的阶层亦即一些特殊群体利益的侵占。就此而言，社会的公共管理领域是最容易受到侵害而且主要是来自公共管理阶层的政治精英群体成员和"财富"阶层的经济精英群体成员侵害的部位。从一定意义上讲，公共管理领域的外在表现是对公共物品的管理和分配。本来，政治精英群体和经济精英群体有着各自不同的、严格的职业分工。政治精英群体的主要任务是负责公共物品的管理以及相应规则的制定，负责公共服务的提供，以确保公共物品、公共服务对于全部社会成员效用的完整性和最大化，而经济精英群体则主要是从事生产和经营。但是必须看到，这两个精英群体均有着自身程度不同的利益冲动。如果政治精英群体中的某些成员和经济精英群体中的某些成员都跨过特有的职业或行业边界，进行利益联盟，那么就会不可避免地形成这样一种情形：一方面，政治精英群体成员借助公共资源的优势，以种种"寻租"的方式来扩张本群体以及"自己人"利益的局面；另一方面，形成经济精英群体成员通过非市场化的、非竞争的方式使本群体的资产迅速增值的局面。这两种局面共同组成"金钱政治"的情势。这种现象一方面使原本是负责公共管理的政治精英群体失去了"公共"性，另一方面也使经济精英群体失去了真正的"市场"性。这种"金钱政治"情势的严重程度是同这两个精英群体成员之间边界的模糊程度或者说是利益联盟程度呈正相关性的。

自20世纪70年代末以来，伴随着改革开放的进行，伴随着现代化进程和市场经济进程的推进，中国社会当中的精英群体获得了长足的发展：三大精英群体实现了同步化的发展，改变了以往一枝独秀的局面；精英群体的职业化程度和专业化水准越来越高；精英群体在社会经济生活中的位置越来越凸显。

尽管就总体而言，改革开放以来的30年间精英群体的发展是健康、正常的，但同时应当看到，中国现阶段精英群体之间开始出

现了一种利益结盟的迹象。中国精英群体之间的利益结盟现象大致
有这样几种具体的类型：其一，项目指定型。在公共权力能够予以
决定或施加重大影响的经济项目安排时，某些官员违反平等竞标的
原则，有目的地确定特定的人，并程度不同地压低承包条件，比如
将土地低价甚至是"零成本"批出。如是，政治精英群体的某些成
员便同经济精英群体的某些成员形成了交易，各自从中分获利益。
其二，违规保护型。经济精英群体中的某些成员在其经济获利出现
明显的违规现象时，政治精英群体中的一些人通过公共权力（行政
的或司法的权力）为之提供保护，两者形成交易，即：一方获取非
法利润，另一方则收取"保护费"（所谓"拿人钱财，替人消灾"）。
其三，政策倾斜型。在制定一些政策或制度时，政治精英群体中的
某些实权人物，不是站在公众的立场上，而是站在有利于某些经济
精英群体的立场上，排斥其他相关的人参与，使制定出来的政策或
制度有利于经济精英群体中的某些成员却有损于公众的利益，从而
最终形成政治精英群体中某些成员和经济精英群体中某些成员两者
之间的交易，分别获得"租金"收益和经济利润。

　　问题的严重性在于，精英群体之间利益结盟这一现象所涉及的
金额越来越大，所造成的影响也越来越大。其中比较具有典型意义
的，是 1998 年以后政治精英群体成员同经济精英群体成员之间在
房地产领域的利益分享现象。1998 年以前土地不能自由进入市场。
1998 年以后，随着住房制度的改革，土地开始逐渐进入市场。政
府对土地拥有着极大的权力，所以，土地便往往成为政治精英群体
成员同经济精英群体成员之间利益互换的一个重要领域。其结果
是，政治精英群体和经济精英群体都成为赢家。从政治精英群体一
方看，获取了巨大的土地收益。国土资源部数据显示，全国土地出
让价款从 2001 年的 1296 亿元，到 2013 年首次超过 4 万亿元，13
年间增长超 30 倍，总额累计达 19.4 万多亿元。(《近 20 万亿土地出

让金去哪了》,《新华每日电讯》2014年8月28日)土地出让金以及围绕着土地出让而形成的各种收入在政府财政收入当中的比重很大,在一些发达地区,从土地上产生的收入常常占到地方财政收入的一半以上。从房地产开发商一方看,围绕着土地也获得了巨大的暴利。从2003年至2005年,全国87个开发区中有60个违规低价出让土地7873万平方米,少收土地出让金55.65亿元。(李金华:《关于2005年度中央预算执行的审计工作报告》,《中国审计报》2006年6月28日)

在中国现阶段,之所以会出现精英群体利益结盟这样一种现象,至少是由于两个方面的原因所造成的。一方面,政治精英群体所拥有的权力过大,缺乏必要的制约和监督,因而对于其自身的利益冲动无法予以有效的阻止,对于其权力向经济领域的延伸无法予以有效的阻止;另一方面,由于中国的市场经济规则尚未系统地建立起来,由于法律体系的不完善,所以经济精英群体的发展过程难以"循规蹈矩"地推进,其发展前景和发展预期从某种意义上讲具有不确定性,进而使得经济精英群体需要在政治精英群体那里寻求保护和靠山。这样,在中国的现实社会中,政治精英群体和经济精英群体之间就难以避免地开始形成利益结盟。

政治精英群体成员和经济精英群体成员两者利益结盟所产生的后果是极为严重的。其一,直接损害了公众的利益。这一现象必定会促成大量腐败现象出现,使原本应当为公众服务的公共权力处在萎缩的状态,使原本应当用于改善民生的公共资源被诸多的强势群体程度不同地联手侵占。其二,破坏了市场经济的规则。这一现象极大地损害了市场经济所应遵循的机会平等以及按照贡献进行分配的基本规则,扭曲了市场经济体制,造成市场的畸形发展。其三,造成一个畸形的社会阶层结构。这种做法的结果,必定会形成某些阶层的获益是建立在另一方阶层受损的基础之上的现象,使精英群体同广大民众之间的隔阂越来越深、矛盾越来越明显。

从历史的角度看，任何一个国家在其现代化进程中的初期阶段，几乎都曾出现过精英群体利益结盟这样一种现象。尽管如此，具体到中国现阶段来说，此类问题的严重性在于：中国的类似现象是在公权如此之强势，经济规模和政府财政收入基数如此之大的情形下发生的，所以，这一现象所产生的强势群体对于民众利益的侵占能力及其危害以及未来对于民众利益的侵占能力及其可能急剧增加的危害更需要引起人们的高度关注。

二十六、公权的扩张

　　人们经常谈论中国的一个巨大优势是"集中力量办大事"，中国重工业体系的建设、两弹一星安全防卫体系的建设等一系列重大成就，都是在"集中力量"的动员下完成的。但是人们经常忽视了另一个问题，即：中国同时还存在着一个明显的劣势，这就是"集中力量犯大错"。像是"大跃进"、前些年四万亿元巨额却是低效的公共投入等许多重大失误，也是在"集中力量"的动员下完成的。这就给我们一个重要的启示：作为中国"集中力量"的组织者亦即强大的公权，对于现代化建设同时有着明显的积极或消极的影响，关键在于能否运行得当。

　　从社会力量配置结构的角度看，在一个比较长的时期当中，我们大致可以将影响中国现代化建设的社会负面拉动力量归纳为三种：第一种负面拉动力量是平均主义。不能否认，平均主义在中国有着雄厚的历史基础和较为广泛的民众基础，如若处理不当很容易抬头。第二种负面拉动力量是没有任何约束的资本扩张。第三种负面拉动力量在目前中国实际上已经显示出来，但没有引起足够的重视，这就是缺乏限制的公权扩张。比较起来看，在这三种负面拉动力量当中，缺乏限制的公权扩张是最为严重的负面拉动力量。同其他国家相比，公权在中国极为强大。如果运用得当，可以有力地推动中国现代化进程，可以有效地维护社会的安全运行，但是，一旦失去必要的限制和制约，就会产生极大的负面效应，而且这种负面效应，比平均主义以及资本随意扩张所产生的负面作用都要大。

由于中国现代化的早期阶段是由政府主导和推动的，由于市场经济的巨大诱惑，以及社会转型时期人们对于公权尚不可能具有齐备的监督和制约体系等多项因素，所以，在中国现阶段，公权呈现出一种强烈扩张冲动的状态。这主要表现在以下几个方面：

第一，公权运用的非目的化现象有时较为明显。

在现代社会和市场经济条件下，公共权力的主要目的和功能理应是维护社会公正，增进公众利益和改善民生状况。但不能否认的是，在一个为时不短的时间里，公共权力的运用与公权的主要目的两者之间有时并不合拍，有时是脱节，甚至是相反的。

中国现阶段公权运用的非目的化这一现象突出地表现在两个方面。一方面，与民争利现象明显。政府的财政收入、土地出让金收入的增幅多年来远远高于居民的收入增幅；另一方面，腐败问题的波及面十分广泛。腐败问题既几乎包括了从高到低各个层级职位的官员，也横跨了经济、政治、文化以及社会各个领域。

第二，公共政策制定的非程序化现象有时比较突出。

公共政策的制定只有纳入公正的程序化轨道，才能保证政治精英群体的活动不越过特定的职业边界。需要承认的是，在中国现阶段，公共政策的制定有时会表现出一种明显的非程序化现象。其一，表现出利益偏好的色彩。公共政策的制定应当本着公正的原则进行，即：对于各个群体应当一视同仁。但是，现实状况却往往相反。可以这样说，在制定与处于优势位置的社会群体相关的各种政策当中，一般来说是利好居多。在国有企业转制过程中，对于经营者往往给予过于优惠的政策。在不少地方招商引资活动中对于投资方也往往给予十分优惠的政策。相反，在制定同弱势群体相关的各种政策当中，有时是以不利的内容居多，比如，对于大量国有企业转制过程中的工人，很多地方是采用了十分苛刻、低廉的身份置换（"买断工龄"）政策予以处置。其二，往往是单方面予以决定。在制定重要的公共政策时，应当也必须让多方人员参与，尤其是要允许相关社会群体有充分的参与和表意的机会，使之能够充分地表达自己的意见，维护自己的利益。然而，在不少情况下，政治精英群体对于一些重要公共政策的制定却往往是自己予以单方面决定。比如，在制定一些同工人、农民和老年人相关的政策时，几乎没有相关群体的代表参加。而有些地区在制定公务员住房政策、增加工资收入的政策时，既不经过人民代表大会讨论，也不举行听证会，而是自己予以单方面的决定。甚至一些地方的财政部门，在为数巨大的公共投入的具体投向问题上，也往往是自己一家说了算。其三，信息不透明。社会公共领域的信息，除了属于涉及国家安全事宜者，公众具有知情权。目前在不少地方、不少部门和不少情况下，政治精英群体对于这些信息采取了一种垄断、封锁的做法。比如，一些地方政府预算外的具体财政收入究竟有多少，只有为数很少的人知晓。其四，随意性。公共政策的制定过程必须遵循科学化的原则，必须做好相关信息的充分收集、整理和公开，相关政策实施的信息反馈及修正机制，某项资源公平分配额度或损失补偿份额的测算等技术性的工作。但是，不少地方、不少部门在制定公共政策时，往往忽略了这一点，随机性、随意性拍板现象明显。这就会造成一些重大公共政策决策的失误，造成许多严重浪费的现象。据世界银行估计，"七五"到"九五"期间，中国投资决策失误率在30%左右，资金浪费损失大约在4000亿到5000亿元。（吴怡青：《电子政务与决策咨询创新》，山东人民出版社2007年版，第70页）此类现象，可以说是比比皆是。

第二，公权活动的非法制化现象屡见不鲜。

应当承认，中国社会目前的法律体系建设远远不够，而作为处在优势位置的政治精英群体更容易超越法律进行种种不当的活动。一个事实是，在不少情况下，政治精英群体往往是以行政权力为中心，集决策权、执行权、立法权、司法权和监督权于一身，行政问责制度严重缺位。政治精英群体有时只是按照潜规则来行使公共权力，明显地缺乏法律体系的制约和监督。既然公权扩张的强烈冲动没有了法律障碍，那么，公权越轨、公权越界的现象就必然会屡见不鲜。在现实生活中，我们可以看到，公权的干预几乎可以涉及任一领域，如经济、政治、社会领域，并且几乎可以触及任一群体。比如，尽管市场经济体制在中国已经得以初步建立起来，但是，公权对于经济领域在一定程度上仍然存在着不恰当干预的情形。公权缺乏法律制约和监督还表现在，以权代法现象时有发生。

由上可见，中国现阶段公权具有强烈的扩张冲动，其可能的空间是巨大的。尤其需要注意的是，在社会各个群体当中，政治精英群体处在明显强势的位置，具有几乎可以说是"控盘"的实力，因此，公权强烈的扩张冲动对于整个中国社会的走势、对于社会阶层结构的基本状况无疑具有至关重要的影响。

需要注意的是，平均主义、资本至上和公权扩张这三股力量经常会以公权扩张为中轴结合起来，使得问题更加复杂化和严重化。比如，如果资本至上、公权扩张同特定行业或部门中的平均主义结合在一起，就很容易形成行业垄断一类的现象；如果资本至上和公权扩张结合在一起，就容易形成政治精英群体同经济精英群体之间的利益结盟（官商勾结）现象，并由此会产生种种腐败现象；而如果平均主义和公权扩张结合在一起，就会形成国家化、社会整体化的平均主义现象，进而形成种种十分有害的劫富济贫行为。这里，值得特别提及的是，在中国现阶段，公权扩张同资本至上两者结合在一起造成了精英群体之间利益结盟现象，由此所带来的负面效应恐怕是最为严重的。

　　要从总体上规范公权的活动，需要进行现代社会基本制度的设计和安排，如建立起科学、合理、民主的决策体制以及有效的监督制度和制约机制，等等。虽然这需要一个比较长的时间，但是，就中近期而言，完全有可能本着先易后难、循序渐进的原则，做成很多事情。就推进公共权力规范化的直接突破口而言，实际上在不少方面并不复杂，相对而言比较简单，完全可以选择几个比较重要的突破口进行有效的突破。比如，对公职人员进行"利益回避"以及"财产公布"是国际普遍认同和流行的做法。显然，即便在现有制度水平条件下，中国能够、至少在不小的程度上能够做到这两点，关键是有没有决心。

二十七、与民争利究竟表现在哪

所谓与民争利，主要是指政府以及与政府有密切关联的群体，借助于公共权力的优势来扩张自身的不恰当利益，并有意无意地压缩民众合理利益生长空间的现象。这一现象在任何国家和地区都存在。与其他国家和地区相比，转型期的中国有所不同的是，受种种历史及现实因素的影响，这一现象相对更加突出，并造成了广泛而复杂的负面影响。

中国在为时不短的一个时期内，由于政府的职能定位没有完全转为公共服务型政府，由于公共权力过于强势并缺乏必要的监督等多方面的原因，所以不可避免地出现了公共权力与民争利的现象。这一现象至少直接表现在以下几个方面：

第一，国家财政收入的增速过快占比过高。

虽然还不能说国家财政收入增速越慢占比越小就一定是一种好现象，但是毫无疑问，其增速过快占比过大肯定是一种不妥不合理的现象。近年来，国家一般公共预算收入的增长率远远高于GDP以及居民收入的增长率。2001—2014年，国家一般公共预算收入的年平均增长率为18.3%，GDP的年平均增长率为9.8%，城镇居民人均可支配收入的年平均增长率为9.2%，农村居民人均纯收入的年平均增长率为7.9%。（国家统计局：《中国统计年鉴2015》，中国统计出版社2015年版，第5页）2015年全国一般公共预算收入152217

亿元（国家统计局：《2015 年国民经济和社会发展统计公报》），中国民众的人均宏观税负已经超过 1.1 万元。

政府税收过重是一个不言而喻的事实。以涉面广泛的社会保险缴费为例，有学者发现，"中国五项社会保险法定缴费之和相当于工资水平的 40%，有的地区甚至达到 50%"，"目前按照世界银行 2009 年最新测算的实际承受税率，中国的社会保险缴费在 181个国家中排名第一。"（《我国五项社保缴费约占工资四成 181 国家排第一》，中国新闻网 2012 年 6 月 15 日）另外，长期以来中国小微企业税负偏高是一个不争的事实。"据世界银行统计，国际上小微企业税负平均为 20%，而大陆小微企业综合税负高达 40%—50%。"（章和杰：《两岸中小企业税负的历史、现状比较及对大陆的启示》，《台湾研究》2016 年第 1 期）

第二，金融领域的高收益。

多年来，中国的股市一直是失血过多。就是在这样的情形下，大型国有企业如同一艘艘巨型航母纷纷上市，抽取了巨量的民间资金，以此冲掉了自身大量的坏账呆账。有数字显示，中国石化在2012 年的融资总额就达到 9300 亿元，占到当年全部 A 股上市公司总融资额的 11%。融资额最大的 50 家企业中，37 家央企通过金融机构借贷共融资 30622 亿元，占 50 家公司信贷融资总额的 89%。（《2012 年我国多家上市公司融资情况探讨》，中国行业研究网 2013 年 5 月27 日）

第三，土地的高收益。

不少地方政府出于基础建设以及大量"政绩工程"的考虑，将土地出让金作为重要的资金来源。为此，政府通过"卖地"获取了巨量的土地出让金。2014 年，全国土地出让收入 42940.30 亿元。（财政部综合司：《2014 年全国土地出让收支情况》，财政部网站 2015 年 3 月24 日）土地出让金已成为地方政府名副其实的第二财政，大量的地方政府已经无法离开土地出让金而运行。

第四，国企上缴的红利微乎其微。

企业除了交纳税收之外，都存在着一个如何分配利润的问题，国企也不例外。国企属于国家的企业，国家理应从国企红利当中拿出一部分份额用于社会保险等民生问题的改善。就国外情况来看，一般来说，国企红利上缴国家的比例都在 30% 以上，有的国家效益好的国企上缴的红利甚至要远远高于 60% 的水平。中国的情况则很不相同。

虽然中国的一些竞争性国企要面临市场经济的激烈竞争，其生存状况十分艰难，但还有不少国企属于垄断性企业。这些垄断性企业凭借着市场当中的垄断性地位获取了高额利润。比如，近年来国有银行一直保持着高额赢利的状况。2011 年，工行、建行、中行、农行、交行五大银行的净利润总额达到 6808.49 亿元，相当于日赚 18.65 亿元。赚钱主要靠利息和手续费。银行的手续费收入增速甚至高过业绩增速。2011 年五大行的手续费收入同比增幅均超过 30%。（《五大国有银行去年净利润达 6808 亿　日赚 18.65 亿》，中国网，2012 年 3 月 30 日）同时，一些垄断性国企还经常得到国家的高额补贴。2012 年中石油再次获得 94.06 亿元补贴，位列第一，这一数额也刷新历史纪录，比 2011 年的 67.34 亿元高出不少。中石化则以 28.14 亿元补贴额紧随其后，名列第二。（《上市公司进补：政府补贴 7 成流向国企　效果不尽人意》，《时代周报》2013 年 5 月 9 日）

与上述情形形成鲜明对比的，却是国企上缴的红利微乎其微。20 世纪 90 年代，中国国企面临转型，其处境十分艰难，因而国家对其实行了暂时缓交红利的政策。应当承认，当时的做法有着一定的历史合理性。但是，时过境迁，如今大量的国企已经渡过艰难时期，开始盈利，并且大量的国企依然享受高补贴，理应上缴红利，对民众作出应有的贡献。但是，不能否认的是，目前国企上缴的红利实在太少，与其巨大的盈利数额实在不成比例。有数据显示，2010 年国有企业的经济效益较好，累计实现利润近 2 万亿元。但是，国企上缴的红利只有 440 亿元，"红利"上缴比例只有 5% 左右。（《2010 国企上缴红利 440 亿元　专家建议让全民共享》，《人民日报》2011 年 2 月 21 日）

第五，行为的非程序化现象明显。

不能否认，我们在制定一些同民众切身利益相关的政策时，其具体的程序往往缺乏公正性，比如，常常缺少公开透明性，缺少多方参与性，缺少必要监督和制约，缺少纠错机制。这就使得一些同民众切身利益密切相关的政策呈现出某种不确定性，使得一些夹带私货、以公谋私的内容得以置入其中，进而使得与民争利的现象出现一种延展性加重的情形。

与民争利的税费政策的出台有时会表现出一种明显的随意性。税费政策与民众千家万户的切身利益息息相关，是天大的事情，理应慎而又慎，必须经过必要、严格的法律程序方能出台。唯有如此，方能防止失误情形甚至是严重失误情形的出现。在法治社会，税收政策的制定应当基于"税收法定"的原则。但是，在目前中国的现实生活当中，由于相关政策的制定缺乏公正的程序，一些涉面广泛的与民争利政策的出台却表现出明显的随意性。有时，一个行政部门就可以决定出台与民争利的重大政策。2007 年 5 月 29 日深夜中国股市发生的所谓"半夜鸡叫"（意指没有任何先兆的突发性的）征收股票交易印花税的做法就具有代表性。2007 年上半年，中国压抑多年的股市出现了罕见的、报复性的"飙升"行情。应当承认，这种"飙升"行情带有明显的非理性色彩。但是，由于中国股市涉及已经亏损多年的上亿股民的切身利益，因而对于这种非理性现象的治理需要采取多种有效的、循序渐进的方式。而实际的做法却恰好相反。2007 年 5 月 29 日深夜证监会突然宣布，将股票交易印花税税率由原来的千分之一上调至千分之三。而就在一周之前，相关部门明确宣布，没有上调印花税的计划。这一政策的结果是，次日的深沪股市可谓是哀鸿遍野，有900多只股票跌停，大量股民深套其中，其切身利益受到严重损害。再如，2014年底2015年初，受国际市场油价暴跌的影响，本来就一直居全世界油价高位的中国油价也开始下调。但中国油价在下调的过程中却又增加了"燃油消费税"，而且在后来油价又上调的过程中，"燃油消费税"却没有取消。其不公正性由此可见一斑。

与民争利这一现象是中国社会目前面临的最为严重的问题之一。它所造成的负面影响是大面积、多方面、长时期的。

由于与民争利这一现象的负面影响巨大而广泛，已经成为一个影响中国改革发展的全局性大问题，因而理应成为全社会高度关注的大问题，必须下决心想方设法予以消除。否则，从长远看，中国社会的安全运行和健康发展是不可能之事，人民的幸福生活更是不可能之事。

二十八、为何要形成橄榄型社会阶层结构

中国现在是一个金字塔型的社会阶层结构，很不正常。当前全国居民低收入者以及中低收入者约占全部居民的 70% 多，中等收入者只占全部居民的 20% 多。这样的社会阶层结构，不是一个健康的结构，不可能造成一种和谐安全的社会局面。要想构建一个安全健康的社会，就必须培育一个庞大的中等收入者人群，形成一个"两头小，中间大"的橄榄型的社会阶层结构。这种社会阶层结构既是公正的，也是和谐安全的。这一点，已经越来越得到各个层面上的社会成员的广泛共识。

"两头小，中间大"的橄榄型社会阶层结构是指，在全体社会成员当中，收入较高的社会群体和收入较低的社会群体的比重都比较小，而居于两者之间的中等收入者群体的规模最大，大多数社会成员都是中等收入者。

橄榄型的社会阶层结构在很大程度上反映了社会阶层结构的公正性：它反映出一个社会的普遍受益、共享社会发展成果的具体状况；反映出以绝大多数社会成员为基点（数学上的大数原则）的制度设计的公正性和社会政策实施的力度；也反映出社会成员的实际能力与收入状况之间的合理对应，因为在一个社会中能力强者和能力低者均占少数，而能力居中者占多数。

为什么说中等收入人群占大多数的"两头小，中间大"的社会

阶层结构最有利于社会的和谐与安全？起码有这样几个理由：

第一个理由，有恒产者方有恒心。这是一个很简单的道理。当人们一无所有的时候，就很难对社会有一个积极认同的态度，就很希望瓦解现有的社会秩序，希望重新产生一个有利于自己的社会分配结构。但是，当人们普遍拥有了一份来之不易的、像样的家庭财产，有了一份稳定的职业，过上了比较"体面"的生活时，就会希望社会保持一种稳定的局面。

第二个理由，中等收入者相对来说更容易遵守法律法规。就一般情况来说，中等收入者的文化水准高一些，理性化的成分多一些，心态也比较稳定。这样，中等收入者就更倾向于通过法律法规来协调相互之间以及与其他群体之间的利益关系。

第三个理由，中等收入者是富人和贫困人口之间的有效缓冲带。在一个社会当中，富人群体和贫困群体之间相对来说最容易产生隔阂和冲突，而中等收入者群体同这两个群体相对来说容易相安无事。这样，中等收入者的比重如果很大，那么，就可以比较有效地缓冲富人群体和贫困群体之间的紧张关系。

第四个理由，大比例的中等收入者群体成员能够有效地援助弱势群体，使其处境得到大幅度的改善。弱势群体只靠自己的力量是无法摆脱其弱势境地的，这就需要社会的援助。就总体而言，社会援助的力度取决于公共投入的力度，而公共投入的多少取决于税收的状况。税收的多少则取决于经济状况较好的社会主要群体比重的大小。在一个社会当中，富人群体成员的比例不可能太高，因而也就不可能成为社会主要群体。这样看来，只有中等收入人群才能成为经济状况较好的主要群体。在一个社会当中，中等收入者群体的比例如果能够占据主要位置，比如说达到80%的比例，那么，这个社会不但能够具备大幅度改善弱势群体处境的能力，而且同时也就意味着这个社会能够减小弱势群体成员的比例，减小援助弱势群体成员的压力。以中国为例，假设在 13 亿人口当中，中等收入者的比例达到了 80%。那么，以 10 亿中等收入者的力量就能够有效地援助 3 亿弱势群体成员；但是，如果倒过来，假设中国只有 3 亿中等收入者，那么，依靠 3 亿中等收入者的力量来援助 10 亿弱势群体成员，试图使其处境发生大幅度的改善，则是不可能之事。

第五个理由，中等收入者对于经济滑坡和经济危机的承受力较强。对于贫困者来说，经不起经济萧条的打击。贫困者以及低收入者的收入十分微薄，本来就只是刚好温饱。在这样的情况下，整个国家的经济状况一旦恶化，就意味着贫困者可能连温饱的日子都要受影响。而对于中等收入者来说，国家经济状况的恶化，虽然会对生活水准产生不小的影响，但还不至于影响到基本生计的地步。日本社会的贫富差距很小，日本是世界上基尼系数最小的国家之一，中等收入者在其社会当中占据着压倒优势。日本有一个流行说法，叫作"一亿皆中流"。意思是大多数的日本国民都是中等收入者，所以对于困难的抵抗力很强。相比之下，美国中等收入者的比例虽然也很高，但不如日本的比例高，贫困者的数量远远超过日本，贫富差距也比日本大得多。所以，当美国和日本遇到同样的经济危机时，美国的商场往往会呈现出一种明显萧条的局面，而日本商场的萧条程度相对来说就不会那么明显；美国的民怨往往会比较大一些，而日本的民怨相对来说就比较小。

第六个理由，安全系数的简单计算。贫困群体当中对于社会不满的人的比例相对来说比较高，假设每 10 个贫困者里面就会出 1 个对社会不满的人。我们再假设，一个社会当中只有 10 万个中等收入者，100 万个贫困者，而 100 万个贫困者当中就会出现 10 万个对社会不满的人，这样，平均每一个中等收入者就会面对一个对社会不满者。所以，这种状况下的社会安全系数是最低的，社会是最不稳定的。如果情况倒过来，假设一个社会当中有 100 万个中等收入者，只有 10 万个贫困者，而 10 万个贫困者当中会出现 1 万个对社会不满的人，这样，平均每 100 个中等收入者才会面对 1 个对社会不满者。这时社会的安全系数毫无疑问是很高的，社会是非常稳定的。

二十九、如何有效地扩大中等收入群体

　　中等收入群体问题越来越成为影响中国发展全局的大问题。中等收入群体发育得如何，不仅是一个事关共享理念能否变为现实、消费内需拉动能否得到有效提振以及社会安全局面能否得到保障的重大问题，而且更是一个事关中国能否避免陷入"中等收入陷阱"的重大问题。

　　中等收入群体成员主要包括：白领人员、教师、科技人员、管理人员、小微企业主、个体经营户、技术工人、一部分熟练工、农村土地承包经营户或其他类型的专业户，等等。应当承认，中国目前中等收入群体成员在全部在业人员当中的比例较小。而扩大中等收入群体的目标就是要让前述人员的人数增多，使中等收入群体成员在全社会当中的比例大幅度提高，建立一个两头小中间大的橄榄型社会结构；让社会成员发展的路径得到保障，让其发展的前景可以预期。

　　在现代社会和市场经济条件下，有效扩大中等收入群体的关键环节有四个，即：制度、增量、分配和安全。具体之，一是要基于共享理念进行相应的制度及政策安排；二是要拓展民众收入及财富的增量渠道；三是要公正分配国民收入及财富；四是要保障民众的财富安全。

　　第一，使共享的理念具体化为相应的制度安排。

社会经济的发展应当是以人为本的发展，这一看法已被中国社会各个阶层所广泛认同。这里所说的"人"，是指绝大多数社会成员，而不是指少数人。既然以人为本，就要满足全体人民的基本生活需要，就要让全体人民共享改革发展的成果，从而实现真正意义上的发展。

重要的是，共享理念不能只是停留在理念层面，而是应当落实为具体化的制度及政策安排。而以共享理念为依据的制度及政策安排，必然会催生一种以中等收入群体为主的、两头小中间大的橄榄型社会结构。

第二，大力拓展民众收入及财富的增量渠道。

只有不断拓展民众的收入及财富的增量渠道，方能持续有效地扩大中等收入群体。也唯有如此，方能将共享同共建这两者有机地结合在一起，从而在扩大中等收入群体的同时，有效激发社会活力，使中国避免陷入"中等收入陷阱"，并使共享行为与平均主义行为划清界限，防止中国成为早熟性的高福利国家。

拓展民众收入及财富增量的重要路径是大众创业、万众创新。小微企业主以及个体经营户是中等收入群体的重要组成部分。应当看到，对于自主创业的民众来说，一旦其创业的门坎得以降低，其创业的限制得以消除，那么，中国民众的创业热情和创业智慧将会被充分激发出来，相应的，大量的社会财富也会被创造出来。进一步看，通过大众创业、万众创新，大批新的小微企业主以及个体经营户便能够形成。如是，不但能够创造出大量的就业机会，而且能够使大量社会成员跻身于中等收入群体。在 20 世纪 30 年代美国"新政"时期的一个重要成功经验，就是大力鼓励小型企业的发展，以此作为走出经济困境、增加就业机会的重要路径。此种做法，值得借鉴。

增加民众的财产性收入，也是有效拓展民众收入及财富增量渠道的重要路径。民众收入的来源不能仅仅限于工资收入这样的单一渠道，而是应当趋于多元化的渠道。其中，财产性收入便是一项主要内容。财产性收入包括股市收入，租赁房屋收入，各种理财收入，技术转让收入，等等。在这方面，中国还有很大的努力空间。

第三，公正分配国民收入及财富。

对不断增长的国民收入及财富，必须进行公正分配。如若分配不公，不仅会造成中等收入群体缓慢发展的情形，而且会催生大量的社会矛盾冲突，进而会影响到中国发展的全局。中国现在总财富的体量十分庞大，2015年国内生产总值已达676708亿元。所以，对于如此庞大的国民收入如果分配不公，将会产生较之以往来说更为严重的负面影响。

具体到中国的国民收入及财富的分配来说，必须做好两个方面的事情。一方面，必须解决好政府收入与居民收入两者间的比例问题。政府收入与居民收入两者之间高度相关，此消彼长。中国现在的问题是政府收入增幅相对过大，而居民收入增幅却是相对过小。由此带来的，是劳动者及小微企业税负较重，进而不利于中等收入群体的顺利发展。鉴于此，基于藏富于民的原则进行大面积减税，为劳动者及小微企业减负，便成为当前有效扩大中等收入群体的当务之急。

另一方面，必须解决好社会各个群体之间的公正分配问题。中国现在的基尼系数较高，不同群体之间的收入差距较大，致使贫困群体、低收入群体以及中低收入群体成员所占比例过高，中等收入群体发育缓慢。解决这一问题的关键在于必须做好两个环节的事情，一是必须遵循按照贡献的大小进行合理分配的原则解决好初次分配问题，二是必须遵循社会调剂的原则解决好再分配问题。

第四，保障民众的财富安全。

为确保中等收入群体持续、稳定的扩大，不宜忽视的一个必要条件是，民众的财富安全必须得到有效的保证。否则，中等收入群体难免会呈现出一种不确定性的发展前景。这一点，对于曾经有过深厚计划经济体制背景的中国来说，显得尤为重要。

就民众财富安全的保障而言，至少要特别注重这样几件事情：

一是要保护民众的财产权。在现代社会和市场经济当中，对于任何一个社会成员来说，个人的财产是生存和发展的基础，是安身立命的根基。2004年，"公民的合法的私有财产不受侵犯"的条款被正式列入我国宪法。由此，保护私有财产在我国具有了宪法地位。对中等收入群体的发展和扩大来说，个人财产的具体状况更是至关重要的事情，财产权的安全保障具有基石性的意义。通过财产权予以宪法层面的保护，有助于防止其他群体以各种各样名义对中等收入人群的财富可能进行的剥夺。显然，只有在财产安全得到保障的条件下，中等收入群体的财富方能进行可预见的积累，其发展前景方具有可预期性。

二是要构筑社会保障体系。社会保障体系，有利于减少创业者的后顾之忧，有利于抵御中产者职业生涯的风险。对于中等收入群体成员来说，必然会面临诸多的经济风险和个人职业生涯风险，其中有些人会遭遇创业失利以及失业等不利情形。而通过社会保障体系的帮助，这些人可以避免生活水准大幅度降低、元气大幅度受损情形的出现，有利于日后的重新创业或重新就业。

三是要规避严重的通货膨胀。在现代化进程中，温和的通货膨胀是一种较为常见的现象，尚不至于对民众的正常生活形成明显的负面影响。但是，一旦出现严重的通货膨胀现象，则会使整个社会的财富大幅度缩水，进而会大幅度减少中等收入群体成员的数量。尤其是恶性的通货膨胀，更是会造成中等收入群体规模大幅度缩小的情形，在一个特定的时期，甚至会对中等收入群体形成毁灭性打击，使中等收入群体的发展进程倒退若干年；而且，即便是遭受重创的中等收入群体日后恢复，也需要一段较长的时间。可见，对于严重的通货膨胀对中等收入群体的影响，我们不能掉以轻心。一个国家，要想培育庞大的中等收入群体，就必须想方设法防范严重的通货膨胀现象的出现。

三十、私有财产社会基本功能的变化

作为一种基础性的社会经济现象，私有财产对于一个社会来说是至关重要的，它直接影响着一个社会的基本制度的设计和基本政策的制定。

应当看到，私有财产的社会基本功能并非一成不变，而是有着一个变化的过程。

在早期大工业时期和现代市场经济初期阶段，私有财产一方面起着一种"强行"推进生产力发展的作用；另一方面则起着一种加剧两极分化、积累社会矛盾以及扭曲人性的作用。就其后一方面的作用而言，如果不加以改变，其最终结果必然是导致"剥夺者被剥夺"局面的出现。

在没有任何来自社会层面力量的约束、限制、规范的情况下，如果让私有制按其本性自由发展的话，那么随着时间的推移，私有制将会给整个社会带来巨大的危害，私有制与社会进步之间必然地会呈负相关的状态。正是从这个意义上讲，很多人将私有制视为"万恶之源"，不是没有道理的。"私有制和剥削制度正在比人口的繁殖不知快多少倍地引起现今社会内部的分裂，这种分裂，旧制度是无法医治的，因为它根本就不医治，不创造，它只是存在和享乐而已。"（《马克思恩格斯全集》第 1 卷，人民出版社 1956 年版，第 414 页）显然，在如此情形之下，无产阶级和资产阶级在贫富方面必然会呈现出一种两极分化的局面。也就是说，正像马克思、恩格斯所描述的那样，在资产阶级的一极"是财富的积累，同时在另一极"，即在无产阶级的一极"是贫困、劳动折磨、受奴役、无知、粗野和道德堕落的积累"（《马克思恩格斯全集》第 23 卷，人民出版社 1972 年版，第 708 页）。因此，"我们的时代，资产阶级时代，却有一个特点：它使阶级对立简单化了。整个社会日益分裂为两大敌对阵营，分裂为两大相互对立的阶级：资产阶级和无产阶级"（《马克思恩格斯选集》第 1 卷，人民出版社 1995 年版，第 273 页）。应当承认，马克思、恩格斯等人对当时私有制具体状况和效应的分析是正确的。

需要注意的是，随着经济的发展和现代文明进程的推进（如社会公共力量的崛起、人权状况的改善），私有财产的具体状况及效应（社会的基本功能）发生了很大的变化。一方面，由于股份制、合作社等新经济形式的出现以及生产资料所有权与经营权的分离，使得私有制对于整个社会的影响度有所降低，其重要性相对减弱；另一方面，更为重要的是，私有制受到了来自社会层面力量的约束、限制和规范，以至于在社会调剂的强力作用下，私有财产往往会表现出一种正面的社会功能，即：致使个人的财富积累与社会的财富增进之间具有了十分明显的正相关性。

特别需要提及的是现代社会条件下的税收制度。社会调剂的一项重要内容是税收，而税收主要有两个方面的功能：其一，政府通过税收可以获得必要的公益性的资金，用以维持生活处境不利的社会成员如低收入者和无收入者的基本生计和提升全体社会成员的生活质量和发展能力；其二，通过所得税、遗产税等税种的征收，可以适当地减少高收入者过多的收入和财产，以有效地调整或是缓解社会过于悬殊的贫富差距，保证社会必要的整合性和稳定性。因此，只要是有效地实施税收政策，那么，对于现时十分富裕的个人或是家族来说，往往是富不过几代人，私人间财产的"完整传递"

已经不可能。之所以这样说，是因为他们在世的时候，需要交纳累进税；去世时，其后人又必须交纳遗产税；而且，遗产税的数量不是个小数目。以美国征收遗产税的数目为例：美国的遗产税和赠予税的统一税率在18%—55%之间，具体税率根据应纳税遗产价值的大小来确定，最高税率为55%，适用于超过300万美元的应纳税转让额。(陈志楣：《税收制度国际比较研究》，经济科学出版社2000年版，第459页)这样看来，不论一个人在世拥有多少财产，经过交纳累进税和遗产税，在经过几代人之后，最终这些财产的大部分终究是归社会所拥有，私有财产已经不可能实现代际之间的完整传递。从一定意义上讲，如今发达国家已经实现了个人在社会财富方面的获益与公共利益的增进两者之间的同步化，实现了富裕群体的财富增进同社会弱势群体基本生活的改善两者之间的同步化。

正是由于在新的历史条件下私有财产的社会基本功能发生了重大的变化，所以，我们有必要保护私有财产，只要其来路是合乎正当规则的。只有这样，才能够有效维护市场经济的重要基础，才能够有效维护绝大多数社会成员的基本权益和利益，才能够充分激发社会的整体活力。

三十一、保护私有财产对大多数人的意义

从历史发展的角度来看，2004 年中国将"公民的合法的私有财产不受侵犯"列入宪法是具有重大意义的一件大事情。对此，人们可能会产生某种误解，认为这件事情只是对高收入群体有利。实际上，这件事情的意义不仅仅在于对民营企业家等高收入群体在现今中国当中"合法地位"及其财产的保护，而且在于对除此之外的大多数社会公民基本权利的保护。换言之，"公民的合法的私有财产不受侵犯"的规定对于大多数社会成员来说同样具有至关重要的意义。

就大多数社会成员基本生存权利的保护而言，"公民的合法的私有财产不受侵犯"的宪法规定是必不可少的。私有财产包括个人的生活资料和生产资料是大多数社会成员基本生计的必要屏障，是其安身立命的基础条件。对大多数人（中等收入人群和低收入群体）来说，同高收入群体相比，其生活资料和生产资料数量自然要少得多。虽然如此，但是应当看到的是，这有限的私有财产对于大多数人基本生存需求的边际效应来说并不低于甚至要高于高收入群体。比如，对于为数不少的收入不高的城市居民来说，其私人住房的面积很小。由于他们无力购置新房，或者需要费很大力气多年储蓄资金才买得起新房，所以这面积很小的住房却是他们基本生计的须臾不可缺少之物，是他们避风遮雨的最后栖身场所。从边际效应

的角度看，面积狭小的住房对于一户一般收入家庭来说，其意义要超过几套别墅对于一户富人家庭的意义。在这样的情况下，强行圈地、强行拆迁对于相关的大多数社会成员基本利益的损害与打击程度是可想而知的了。显然，将保护公民的私有财产列入宪法，将之上升到国家大法的位置，无疑会防止其他群体的对于中等收入人群和低收入群体以各种各样的名义进行的剥夺，防止将大多数人的基本财产强行充公或变相充公，从而有效地维护大多数人的基本利益。另外，以"公民的合法的私有财产不受侵犯"列入宪法为契机，还有助于纠正以往一些不合理的规定。比如，1990年颁布的《中华人民共和国城镇国有土地使用权出让和转让暂行条例》规定："居住用地的使用权出让的最高年限为70年，期满后土地使用权及其地上建筑物和其它附着物所有权由国家无偿取得。"这种做法同保护公民的私有财产的要求明显不一致，因而应当根据宪法的相关规定予以矫正，以切实保护公民的基本利益。

保护公民合法的私有财产，对于大多数社会成员基本发展权利及其可以预期的发展空间的保护也是十分必要的。保护私有财产不仅事关大多数社会成员的基本生存问题，而且事关其发展的基本前景。不能否认的是，公民的私有财产状况同其发展前景密切相联。这不仅仅因为积累财富是大多数社会成员的一个重要目标，而且还因为具体的财富状况是社会成员赖以发展的基本平台。所以，将保护私有财产列入宪法并予以有效的实施，有助于排除大多数社会成员发展过程中的不确定因素，有助于其财富可预见可持续的积累，有助于增强其发展前景的可预期性。尤其是在中国社会转型的重要时期，保护公民合法的私有财产这一规定的现实显得更加重要。现在中国的社会阶层结构是呈金字塔型的，即：上面小、下面大。这种社会阶层结构不合理，也不利于社会的稳定。应当形成一个两头小中间大亦即一个以中等收入人群占主导地位的橄榄型的社会阶层结构。而在中等收入人群发育、壮大的过程中，对于其私有财产进行保护至关重要。

　　说到底，将"公民的合法的私有财产不受侵犯"列入宪法体现了对人的基本权利包括对大多数社会成员基本权利的维护，体现了对个体人的保护。人类社会之所以能够存在，能够保持其自身的尊严，这无论如何是离不开作为个体的人的贡献和尊严。正是由这无数的个体才组成了一个社会。离开了个体人，社会就无从谈起。从缔结社会的意义上讲，每个个体人的基本贡献均是不可缺少的，是平等的。社会也正是由于得益于每个个体人的"前提性贡献"，方进而使人类社会具有了自身特有的种属尊严，于是个体人也因之具有了相应的人的尊严和基本权利。国家有责任有义务对个体人的尊严和基本权利进行保护。而这种保护的一个重要方面，便是对私有财产进行保护。这种保护，有助于使每一位社会成员的自主性、独立性、创造性和尊严得到维护和增强，从而筑成市场经济的坚实基础；有助于使社会各个群体之间产生良性的而不是恶性的互动，既可以防止"劫富济贫"，也可以防止"劫贫济富"。这一切，无疑会促成现代社会和市场经济的安全运行和健康发展。

三十二、宜慎重把握开征房产税的时机问题

从世界各国税收状况看，征收房产税是较为普遍之事，目前大约有 130 多个国家和地区征收房产税。征收房产税的主要用意在于，一是抑制房地产领域出现过多的投机行为以稳定房价，二是调节贫富差距以促进社会公正，三是增加税种以提升地方政府的公共服务能力。显然，对中国来说，开征房产税是一件迟早要做的事情。

问题在于，选择何种时机，在怎样的条件下推出房产税，这才是关键。必须看到，房产税是一项几乎影响到每个家庭切身利益的重大政策，所以，对房产税推出时机的把握，一定要慎而又慎。弄不好，便有可能引发广泛的社会不安，引发大量的社会矛盾冲突，得不偿失。

从现实情形看，中国近期不宜开征房产税。主要理由如下：

首先，近期开征房产税在一个较长的时间内明显有违社会公正的原则。

近年来，中国的商品房价格普遍飙升。不能否认的是，在这普遍的过高房价当中，政府获得了大量的收入。这是近年来房价持续走高的一个重要原因。按照许多学者的测算，政府从中收取的各种费用加起来约占商品房售出总价格的 60% 左右。比如，有学者算过一笔账："100 万元的房款中大体的资金走流向是：40 万元属土

地成本，30万元归于建筑成本，15万元为各项税费，剩下的15万元左右则为企业剩余。换言之，流向政府部分、已包含在房价中的'预支资金'约为55万元。"（《一套房百余种税100万房款中15万上缴各部门》，《理财一周报》2011年1月30日）这种情况是别的国家和地区所不曾发生的事情。在政府从购房者那里收取的各种相关的费用当中，除了契税、印花税等直接收入之外，实际上还包括政府土地出让金所得等一大块间接收入（已经包括在总房价当中）。由于这一大块"间接"收入同商品房紧密相关，所以，从一定意义上讲，我们可以将之视同于"准房产税"。这样看来，大量的购房者已经提前向政府交纳了未来至少相当于几十年甚至更长时间的"准房产税"。在这样的情形下，如果马上开征房产税，从某种意义上讲，是一种重复收税现象。这种做法明显违背了社会公正的基本规则。

更为重要的是，普遍飙升的高房价使中国大量社会成员付出了举世罕见的巨大成本。由于人口增长、户数增多、城市化进程加速、保障性住房体系不到位以及根深蒂固的"安居乐业"观念等多方面的原因，购买商品房便成为中国大量社会成员的刚性需求。为了获得一套基本的、产权只有70年期限的住房，大量的以工薪阶层为主的购房者已经透支自身的财力，而且往往是举几代人之力方交得起一个首付，之后的几十年还要持续拼命赚钱方能还清贷款。在这种情况下，如果马上开征房产税，就意味着中国大批社会成员在已经向政府交纳了全世界第一的购房费用（包括"准房产税"）之后，还要持续不断地为只有70年产权期限的住房缴纳"房产税"，而且未来随着房价的继续上涨，"房产税"的额度也必定会不断上调。这种做法，几乎意味着吸走了一个工薪买房者的一辈子收入所得。

其次，近期开征房产税对中等收入人群的正常发展必定会形成十分不利的影响。

培育一个庞大的中等收入人群，形成一个"两头小，中间大"的橄榄型的社会结构，已经成为党和国家一个极为重要的战略目标。目前我国中等收入人群的人数只占全部社会成员的20%多一点，不仅比例低，而且十分脆弱，经不起大的或持续的经济利空因素的打击。我国的中等收入人群亟须来自政府层面上"藏富于民"特别是"增加居民财产性收入"政策的呵护涵养。但是，目前我们中等收入人群财产性收入的有效渠道十分有限：银行利率很低，扣除物价上涨因素，居民存入银行的存款净收入几乎是负数；股市长期处在熊市，上亿股民不但没有盈利，反而赔进不少，一些股民血本无归。这样看来，楼市对中等收入人群的重要性就更加凸显。而一旦开征房产税，对只有一套住房的中等收入者来说就会产生一定的减少实际收入的负面影响；对于拥有两套住房以上的中等收入者来说，意味着其家庭财富要大幅度缩水；对于租房居住的中等收入者来说，由于房东为冲抵房产税的征收而肯定会加价房租，因而租房居住的中等收入者的居住成本会明显增大；对于以大量贷款刚刚买到住房的中等收入者来说，不但要还贷，而且还要持续交纳房产税。在前述情形下，如果马上开征房产税，中等收入人群持续发展扩大的难度无疑会增大。一批潜在的中产者无法成为现实的中产者，同时，一些现有的中产者将会退出中等收入人群的行列，而重新成为中低收入人群的成员。

问题的严重性在于，一旦中等收入人群的发展受到阻碍，那么，中国经济发展的消费内需拉动、社会安全局面的保证以及政治建设的顺利推进，都会受到十分不利的影响。进一步看，中等收入陷阱很有可能会成为现实。

再次，近期开征房产税不利于社会的安全运行。

目前我国的经济正处在不景气的时段。在经济不景气时段，增加税收是一件十分犯忌的事情。对经济回温的企盼而言，加税无疑会抑制经济发展的活力。所以，在经济不景气时期，我们应当采取减税而不是加税的方式用以激活经济活力。同理，对社会的安全运行来说，在经济不景气时期，加税相对来说更加容易引发社会的普遍不满，进而加重社会矛盾冲突。开征房产税，无疑涉及千家万户的切身利益，更是一件需要我们慎而又慎的事情。在经济不景气时期，民众的收入不仅在减少，而且社会上会出现越来越多的失业人员，其收入必定会出现大幅度减少的情形。如果在这样的情形下开征房产税，无疑会加重民众的生活成本，使不少社会成员对未来产生一种不确定性，甚至会失去希望，进而会转换成一种普遍的社会焦虑现象，最终催生大量社会矛盾冲突的出现。

尤其需要注意的是，由房产税所引发的社会矛盾同失业率以及通货膨胀所引发的社会矛盾有所不同。后两者虽然会引发民众的不满，但民众却很难将这种不利现象直接归因于政府，而常常是归因于大的经济背景或"运气"的因素。而房产税所引发的社会矛盾则有所不同：民众会十分明确地将这种经济利益的"利空"现象直接归因于收税者——政府，换言之，民众容易将抗争的标靶明确地定为政府。由于房产税是事关民众的切身利益的大事情，同时又是涉及众多群体的大事情，因而近期开征房产税将会使政府面临来自民众层面的越来越大的压力，使政府的公信力和控制力减弱，进而对整个社会的安全运行形成明显的负面效应。从历史上看，无论是英国的光荣革命、美国的独立战争、法国的大革命，还是中国历史上的许多农民起义，其直接的导火索往往就是加征税收。历史的教训应当引以为鉴。

由上述分析不难得出结论：在中国的近期，不宜开征房产税。

说中国近期不宜开征房产税，并不意味着长期看中国也不应当开征房产税。那么，中国应当在何种条件下开征房产税？就此而言，至少应当具备这样几个必要条件：一是民众的宏观税负明显下降。从不同的计算口径看，中国民众宏观税负的具体数字有所不同，但宏观税负水准偏高，接近或已赶上发达国家，却是一个不争的事实。有数字显示，2015 年中国民众的人均宏观税负已经超过 1 万元。这种情形不改变，同时又增加新的税收，难以为民众所接受。二是公共投入结构得以优化。在现代社会当中，公共投入优先顺序的安排有一个普遍的规律，这就是公共投入优先顺序的安排应当以民众的基本需求为基本着眼点，应当主要用于改善民生。就中国目前公共投入的结构来看，与发达国家相比，在"取之于民"方面数量巨大，已经接轨趋同，但在"用之于民"方面则有较大的差距。中国目前大量的公共投入主要地没有用于改善民生，而是大量地用于豪华型城市建设、豪华型工程建设，这方面的巨量投入位居世界第一。比如，一方面，我们国家用于豪华型城市建设的公共投入居世界第一；另一方面，却是中国目前的社会保障不仅不健全，总体水准偏低，而且不平等，不同人群之间的社会保障差别过大。显然，只有坚持以民生为优先的原则理顺了公共投入的优先顺序，社会保障体系方能得以建立，民众的生存底线方能具备，社会焦虑现象方能减弱，民众对未来方有可预期的期盼。在这样的情形下，民众对房产税的抵触心理就会普遍减弱。三是中等收入人群的人数比例超过全部人口的一半，并且其财产性收入拥有了有效的、多样化的来源渠道。唯有如此，房产税方能成为地方政府一种可预期、可持续、其总量日益增长的税种。四是当经济处于增长较快的时期，至少是明显回温的时期。在这样一个时期，民众的收入往往会出现普遍增长的态势。从操作的可行性角度看，这时如果开征房产税，引发民众普遍抵触的可能性便会大幅度下降，而且对经济可能出现的过热现象还会具有某种"加息"降温的有益影响。

三十三、防止改革与发展的背离

　　改革开放以来，改革与发展成为中国最抢眼、流行频度最高的两个词语。作为中国整整一个时代象征的改革与发展，就其基本目标来说是完全一致的，是一个事情的两个方面，两者就总体而言应当呈现出一种同步推进、相互促进、相辅相成的状态。但是，改革和发展两者的位置还不是等量齐观的。我们不是为了改革而改革，而是为了发展而进行改革，是为了让全体人民生活水准不断得以提升才进行改革。改革的基本目的是要破除旧的观念、旧的体制，通过与现代社会和市场经济相适应的观念创新和制度创新，来创造一个有利于发展的制度与政策环境，从而有效地推动发展，实现发展，使广大社会成员的生活水准不断得以提升。正是从这个意义上讲，就两者的关系而言，改革是手段性的事情，改革应当从属于发展、服务于发展。所以，能否有效地促进发展，便成为评估改革成效的最为重要的尺度。

　　一种值得注意的现象是，在中国现阶段，改革和发展出现了某种背离的迹象。人们有时存在这样一种似乎是矛盾的感觉：一提发展，人们就似乎意味着会得到些什么；而一提改革则态度要复杂得多，不少人感觉在改革中自己可能要失掉些什么。这进而造成一种似乎是矛盾的现象，人们普遍认同发展，但不少人却不一定认同改革。现在几乎没有人反对发展，但确有不少人在某些范围内不赞成改革。造成这种现象的原因是多方面的，其中最为重要的原因就在于发展与改革有时没有很好地统一起来，有时许多社会成员并没有通过改革而相应地得到由发展所带来的益处。

改革和发展之所以会出现这种背离的现象，究其原因，是改革本身出现了一些问题，尤其是改革同民生问题之间出现了较大程度的脱节。中国 30 多年的改革取得了巨大的成就，尤其是在经济体制方面的改革更是取得了具有划时代的巨大成就。这些年来，中国以对外开放取代了以往的闭关锁国，以市场经济体制取代了原有的计划经济体制，从而极大地激发了社会活力，推动了中国经济社会的长足发展。没有改革，就没有中国日趋强盛的今天。这是不容否认的事实，也是一个简单的常识。但同样不能否认的是，改革也出现了一些失误。这些失误主要表现在：同民生问题直接相关的改革没有取得应有的进展。同经济高速发展以及市场经济迅速推进形成鲜明对照的是，中国民生状况的改善明显滞后，教育、医疗、住房方面的问题已经被人们称作"新的三座大山"。

显然，民生的基本状况能否得以改善，是衡量改革和发展两者是否有效地实现一体化的一个关键因素。道理很简单。发展的基本目的和基本宗旨是要让绝大多数社会成员的生活水准不断得以提高；换言之，民生基本状况也是改革的基本目的和基本宗旨。民生基本状况如若长时期得不到改善，其负面影响是广泛而深远的，会延误或扭曲发展过程，会程度不同地抵消发展的成果。其一，会使发展的基本目的和基本宗旨难以如愿以偿地实现。民众是改革发展的推动者，也是改革发展的受益者。如果改革只是让一小部分社会成员富裕起来，多数人的基本状态却没有得到应有的改善，那么，这既违背了发展的基本宗旨，也不利于社会的安全运行。正如邓小平所指出的那样，"如果导致两极分化，改革就算失败了"。其二，会削弱发展的动力。从宏观的角度看，社会是各个阶层共同组成的一个命运共同体。各个阶层对于社会是否认同，在很大程度上取决于多数社会成员在基本生活状态方面的改善程度。民生状况如果长期没有得到相应的改善，那么，就会降低民众对于改革的认同感，其进一步的结果是，不但会使改革面临越来越大的阻力，而且还会使社会经济的发展失去最为重要的推动力量。从中观的角度看，民生状况如果长期得不到应有的改善，那么，这个社会的内需拉动力便会被严重削弱。其三，对于社会的安全运行也会造成十分不利的影响。不能否认的是，我国现在的社会安全运行已经呈现了一些问题，比如，群体性事件有加重和扩张的趋势。只要认真分析一下群体性事件的原因，就会发现，几乎绝大多数群体性事件都是由基本民生问题得不到应有的满足所引发的。由此，不难得出这样的看法，中国现阶段确保社会安全运行的关键在于解决中国的基本民生问题。舍此，别无良法。总之，改革能否成功，能否同发展保持一致，在很大程度上取决于民生状况能否得到应有的改善。

显然，中国的问题不是改革是否进行的问题，而是如何有效推进改革、如何防止改革出现歧路的问题。在中国的改革初期，改革之所以得以顺利推进，取得了巨大的成就，并得到人民的广泛认同，其重要经验就在于当时的改革与发展结合得很好，改革有效地促进了中国经济社会的发展，使当时卷入改革过程中的绝大多数社会成员成为直接的受益者，从而使改革为民众所广泛认同。毋庸置疑，现在的改革同当时的改革相比发生了很大的变化，改革所面临的任务比改革初期的任务要复杂艰巨得多。尽管如此，当时的重要经验对于现在仍然具有一定的启发意义。

如何才能有效地使改革和发展两者一体化地推进，使改革有效地促进发展，而防止改革和发展之间的背离？就此而言，需要做很多事情。其中，特别需要做好这样三个方面的事情：其一，在改革进程中必须真正地确立起共享社会发展成果的基本理念。发展是以人为本的发展。这里所说的人是指全体人民，而不是少数人。人民是改革发展的推动者，也是改革发展成果的受益者。发展以及改革的基本宗旨就是要让全体人民共享社会发展成果。反思这些年的做法，人们在推进改革进程时，有时只是注重民众对于改革的承受力，而往往忽略了改革的基本宗旨和基本目的。这种做法一旦成为一种常态化、固定化，势必会使改革与发展之间出现背离的现象。因此，必须牢固明确改革发展的基本理念和基本出发点。其二，在改革进程当中必须高度重视民生问题。固然，基本民生的大幅度改观，需要一个较长的历史过程，不可能一蹴而就。问题在于，基本民生的逐渐改善在改革每一个具体阶段当中都应当有所体现，不能将民生改善问题放到一个遥远的未来。我们现在强调要共享社会发展成果，而将共享社会发展成果的基本理念落实到实际工作当中，就是要高度重视民生状况的改善。具体就是，在改革过程中，应当将改善民生的重要内容如社会保障、免费的义务教育、公共卫生体系放到一个突出的位置。其三，在改革进程中必须合理安排好公共投入的优先顺序。应当如何安排公共投入的优先顺序？应当看到的是，公共投入的基本目的和基本职能是要满足民众的需要。再进一步看，民众的需要又分为不同层面的需要：有基础层面的需要，有次基础层面的需要，还有一般层面的需要，其中民众基础层面上的需要属于基本民生的问题。而在公共财力一定的条件下，公共投入对于民众这些不同层面需要的满足应当是按照梯度型满足的路径进行，即：先满足基础层面的需要，再满足次基础层面的需要，再满足其他层面的需要。而基本民生问题属于民众基础层面的需求。基于前述几点看法，就必然会得出这样的结论，即：就公共投入的优先顺序而言，应当以基本民生为基本着眼点，以基本民生问题为优先。现在要特别矫正和防止本末倒置的做法，即：将豪华性的公共建设以及过高的行政成本作为公共投入优先考虑对象，而将基本民生问题放到了一个十分冷落的位置。解决基本的民生问题，对于中国来说，现在已经不是一个能不能做到的问题，而是一个想不想去做、如何去做的问题。2015 年，我们国家的财政收入已经突破 15 万亿元。在这样的条件下，在改革和发展过程中解决基础性的民生问题应当说是能够做到的。

三十四、藏富于民究竟有哪些重大意义

所谓藏富于民，主要是指防止或消除、缓解过大的贫富差距现象，防止公共权力对民众财富的不恰当占有和侵害，鼓励民众积累财富，让财富向民众倾斜，使中等收入者成为主要人群。

在改革开放以前的30年，由于国内外的种种压力以及为国家工业化积累巨额资金的客观需要，由于意识形态的绝对化，由于过度崇尚理想以及不重视民生的行为取向，致使国家不可能重视富民的问题，个人及家庭财富不可能得到有效的积累。1978年，全国城镇人均存款余额只有89.8元，农村人均存款余额仅有7元。(《中国社会统计资料》，中国统计出版社1985年版，第93页)改革开放以来，中国的经济发展取得了举世公认的成就，居民人均收入获得了前所未有的提升。但不能否认的是，由于过度重视GDP，由于社会发展明显滞后于经济发展，由于社会结构和利益结构的失衡，致使社会分配结构明显失调。一方面，是国家及富裕群体的收入迅速增长；另一方面却是大量社会成员的实际收入和实际财富没有得到应有的增长。比如，"在1995—2007年间，劳动者报酬占比从51.4%下降到39.7%，共计11.7个百分点"(白重恩等：《劳动者报酬占比 考察经济体健康度》，《中国社会科学报》2010年1月27日)。类似的状况，不仅妨碍了共享社会发展成果基本理念的实现，而且造成了种种社会矛盾问题，对中国社会经济发展的全局形成了十分不利的影响。显然，时至今日，已经到了强调藏富于民的时候。

藏富于民，对于中国发展的全局具有重大的、不可替代的积极意义。

第一，藏富于民有助于充分激发整个社会的创造活力。在现代社会和市场经济条件下，个人的财富至关重要，对于每一个社会成员来说具有最为基础性的意义。个人财富是每一个社会成员创造力的坚实原点。只有以此为基础，社会成员才会有个人生存、发展、创造的基本平台，才能将自己的主要活动同自身的切身利益结合在一起，进而才能充分激发自身的创造热情、创造潜能以及创造智慧。再者，只有以个人基本的财富为基础，社会成员才能够进行合意的创造，即按照自身的意愿和具体环境，选择合适于自己的方式进行创造。由此，社会成员的创造方式必然会多样化，创造空间也必然会大幅度扩大，延伸至经济、文化、政治以及社会等多个领域。社会是由无数个社会成员所构成的。一旦大多数人具有创造的活力，那么就会最终形成整个社会创造活力的自启动机制。

第二，藏富于民有助于推动经济持续健康的发展。对于中国来说，在出口拉动、投资拉动和消费内需拉动等经济发展拉动力当中，消费内需拉动最为重要，其份量远远超出前两者的总和。然而，由于多年来民众财富没有得到应有的增长等多方面的原因，致使内需拉动萎靡不振，进而影响到经济发展的可持续性。破解这一难题的关键在于藏富于民，让民众的财富得到应有的增长，使大多数人有能力消费，而且能够以多样化的消费方式进行消费，从而大幅度提升整个社会的消费内需拉动力。另外还有一点十分重要，这就是藏富于民能够确立个人财富以及个人创业的正当性与合法性，确立个人财富、个人创业在市场经济社会当中的平等地位。在中国社会，藏富于民一旦成为一种制度和政策的取向，那么就能够有效地消除个人经济、私营经济所面临的制度和政策层面上的歧视现象，消除一部分人以国家的名义并借助于公共权力所形成的行业垄断现象，并进而有效防止国富民穷和国进民退这两个长期存在的痼疾。正是从这个意义上讲，对于实现中国经济持续健康的发展来说，藏富于民是必不可少的条件。

第三，藏富于民有助于实现社会的安全运行。对于大部分国家和地区来说，其现代化的初期阶段均曾出现过社会利益结构失衡、贫富差距过大、为数众多的社会成员的利益受损甚至是严重受损等现象，从而引发了种种社会矛盾问题，对于社会的安全运行形成了严重的威胁。而解决这一问题的一个有效途径就是藏富于民。通过藏富于民，能够从一个十分重要的方面大面积地改善民生状况，消除贫困问题，缓解贫富差距过大的现象；通过藏富于民，能够使为数众多的社会成员拥有一个基本的生存和发展的平台，对于自己的未来前景心存希望；通过藏富于民，能够使弱势群体成员获得基本的社会尊严，能够同其他群体进行平等的交往。凡此种种，有助于消除社会各个群体之间的隔阂、抵触甚至是冲突的根源，使社会各个群体实现团结合作、互惠互利、各得其所的良性互动局面，进而实现社会的安全运行。

第四，藏富于民有助于巩固执政党的执政基础。一个执政党是否具有牢固的执政基础，取决于民众对于这个执政党是否认同和拥护。而在现代社会和市场经济条件下，利益对于民众来说具有至关重要的意义，富裕是民众最为看重的生活目标，所以能否做到藏富于民直接关系到民众对于执政党和政府是否认同和拥护。就藏富于民而言，执政党和政府至少有两项重要任务，一项重要任务就是履行好公共服务型政府的职能，要为民众提供较为充分的和可持续的公共服务产品；另一项重要任务就是要为民众的创业和发展提供一个公正合理的社会环境，消除各种各样的歧视现象。让全体人民过上美好富裕的生活、让全体人民共享社会发展成果，是中国共产党对人民的郑重承诺。只要中国共产党能够不断兑现这种承诺，做到藏富于民，那么，中国共产党就会得到民众的认同和拥护，其执政基础就能够随之不断地得到巩固。

第五，藏富于民有助于国家的强大。就一般情况而言，民富和国强两者本应是相辅相成、缺一不可，但各自的具体份量实际上是有差别的。相比之下，民富更为重要。民富是国强的基础，民富容易导致国强。在民富条件下所形成的整个社会可持续的创造活力，能够为综合国力的提升提供持续的推动力量；在民富条件下所形成的雄厚的物质基础，能够直接为国家的强大提供持续稳定的财政收入来源；而在民富基础之上所形成的社会团结、社会安全以及民众对政府的认同，则会使国家最大限度地消除内耗，进而使国家作为一个整体更加强大。与民富容易导致国强相比，国强却常常难以导致民富，甚至国强有时会妨碍民富局面的出现。在民众算不上富裕的基础之上，有时通过对民众利益的过度占有，也会造成某种国强局面的出现。其结果却是为了维持力不胜任的国强，严重透支民力、程度不同地侵占民众的财富，从而妨碍民富局面的出现。历史和现实的情形说明，国强有时可能意味着大量的公共资金没有用于民生的改善，却可能是用于军备竞赛（如苏联）、豪华性公共设施建设、高昂的行政成本等方面的支出，从而造成某种"国强民穷"或"国富民穷"的现象。

基于上述分析，不难得出如是结论：既然藏富于民如此之重要，所以我们应将之上升到国策的高度来看待，将之作为国家制定重大政策的重要导向和重要依据。

三十五、深化改革的两个有效突破口

　　如今，中国的发展进入了"深水区"，社会利益结构的调整在加速，各种各样的社会矛盾纠缠在一起，大量的社会问题在迅速积累，中国社会面临着自新中国成立以来前所未有的各种压力。中国社会能否顺利地渡过这样一个"多事之秋"，在很大程度上取决于改革能否得到进一步的深化和有效的突破。中国的改革没有退路，而且是不进则退。

　　应当看到，处在急剧转型时期的中国社会极为复杂。改革涉及中国社会的方方面面，改革的任务千头万绪，影响改革的变数太多。在这样的背景下，就改革的推进而言，很容易陷入两个误区。一个误区是，试图面面俱到地推进改革，因而也就难免遭遇到全方位的阻力。这样一来，很有可能会无法有效地推动改革，致使改革进程严重受挫。另一个误区是，选错了改革的突破口，从而造成改革成本过高、事倍功半的效果。这两个改革误区，都会持续地积累问题，增大以后改革进程的阻力，并使人们程度不同地丧失对于改革的信心。

　　显然，选择好有效的突破口，对于深化、推进改革至关重要。就此而言，改善民生和法治建设，是中国现阶段深化改革、有效推动改革进程的两个最为有效的突破口和关键点。改善民生的主要内容包括：努力改善民众的基本生活条件，尽力增加就业机会，建立系统的社会保障制度，切实维护社会成员的基本权利，等等。法治建设的主要内容包括：建立健全以宪法为核心的、覆盖社会生活各个领域的体系化的法律制度，确立法律在整个社会当中的权威地位，确保司法的独立性和公正性，实现法律行业当中从业人员的职业化、专业化，等等。

将民生和法治作为深化改革的最为重要的突破口，对于中国社会的安全运行和健康发展，具有统揽全局的意义。

第一，从发展的角度来看，这种做法有助于奠定一个踏实的立足点，从而有力地推进中国的发展进程。必须看到，重视民生状况是"共享"理念的直接体现，所以，民生状况能否改善是衡量发展和改革是否有效和是否成功的基本尺度。反思这些年的一些做法，我们在考虑改革与发展的问题时，往往容易走入一个误区，也就是过多地考虑社会成员的承受力。这种做法是很不全面的，过于功利化。在某个特殊的时期，这种立足点还有一定的策略意义，但无论如何不应当长久。我们不能总是立足于让社会成员承受些什么，而是应当立足于重视并努力改善基本民生状况，让民众不断地获得些什么。另外还需要注意的是，由于对于民生问题的长期不重视，使得我们国家的消费内需拉动力一直处在萎靡不振的状态，进而使经济的拉动过分依靠对外贸易和投资拉动。改革开放已经 30 多年了，我们应该考虑让广大的民众普遍地享受到社会发展的成果，而且国家已经具备了这个能力。重视民生不仅可以正确地确立发展的立足点问题，而且还有助于大幅度地提升消费内需拉动力，从根本上解决我国消费内需拉动长期委靡不振的状况，从而提升经济发展的可持续性动力。而重视法治，则会直接推动市场经济规范化有序化，推动政治体制的改革，切实维护公民的基本权利；可以推动、引导整个改革和发展进程，并且巩固改革和发展的成果。

第二，从社会安全的角度来看，这种做法有利于形成一个良好的社会秩序。重视并改善民生状况可以使执政党得到社会基础层面上的积极认同，从而使社会稳定具有了坚固的基石。从最低限度的意义上讲，只要满足了民众的基本需求、满足了其对日常消费品的需求，保证其基本生活水准的持续提高，就可以在很大程度上稳住了社会的基础层面，而且可以使执政党取得民众的拥戴，建立起必不可少的公信力，从而增强执政的基础。这些，可以为社会安全提供一个基本的前提条件。而重视并努力建立健全完善的现代法律制度，则有助于确立社会正常运行的基本秩序，使社会各个群体之间的良性互动有章可循，使改革和发展得以有序地推进。

第三，从操作的角度来看，这种做法具有可行性。中国的改革采取了适合于中国国情的渐进型模式。这一模式的最大益处在于可以最大限度地减小由改革所可能产生的社会动荡，减小改革的成本。但是这一模式也有一些不足之处，比如，由于采取先易后难的改革策略，因而容易使一些一时不易解决的矛盾延续下去；由于强化政府系统的权威，因而容易使公权不恰当地得以膨胀，引发其他诸如既得利益集团阻碍改革的现象等许多弊端。长此以往，这些不足容易造成社会各个群体之间的隔阂甚至是抵触，容易持续积累矛盾。当由此所引发的问题积累到一定地步时，便会使改革变得十分艰难，甚至是难以为继。将民生和法治作为深化改革的最为重要的突破口，有利于解决这些问题。对民生基本状况的改善，有助于使民众对改革有一种积极认同的态度，进而有助于改革进程富有成效地顺利推进。而以法治建设为契机，强调改革的权威性和不可逆性，可以有效地防止公权的扩张，减小改革的阻力，因为在中国，只要下了决心推进法制建设，任何一个群体都不敢藐视法治的权威。

三十六、中国现阶段社会矛盾的基本根源是民生问题

　　勿庸置疑，中国现在正处在两个同时并存的时期：一个是发展的重要战略机遇期，即：从1840年的鸦片战争到现在，中国没有哪个时期像现在这样发展如此之好；另一个则是社会矛盾凸显期，即：从新中国成立到现在，没有哪个时段像现在这样社会矛盾如此之多。这种看法，已经逐渐成为人们的共识。

　　中国现阶段社会矛盾源自利益结构的不协调，源自民众经济、社会、政治以及文化等多个方面的利益诉求没有得到应有的满足。进一步看，中国现阶段社会矛盾的基本根源是民生问题。就总体而言，虽然中国目前存在着多种利益诉求，但相比之下，非民生方面的利益诉求不像民生问题那样迫切、突出，而且是涉及面广泛。

　　改革开放以来，中国民众越来越重视现实的生活问题，以人为本的理念迅速被各个阶层广泛接受、认同。中国民众对于现实生活的这种重视，其程度恐怕是中国几千年以来所前所未有的，而且中国民众对于生活的期望值往往要高于已有的生活水准，已不限于温饱型的生活。另一方面，应当承认的是，一个时期以来，出于种种原因，中国的社会建设滞后于经济发展，这突出地表现在民生问题没有得到应有的改善。现在，"买不起房、看不起病、上不起学"等重要民生问题困扰着不少的社会成员。正因为如此，民生问题成

为中国现阶段社会矛盾的基本根源，至少在一个比较长的时期内是这样。

如果我们将目前一些比较重要的社会矛盾的起因归纳一下，就会发现，中国现在的重要社会矛盾几乎都是民生问题所引发的。劳资矛盾的主要起因是劳动者对于不够合理的劳动收入、不达标的劳动条件以及平等对待（如同工同酬）的利益诉求；贫富矛盾的主要起因是为数较多的中低收入者、低收入者以及贫困群体成员对于基本社会保障以及收入公正分配的利益诉求；干群矛盾的主要起因是民众对于基本公共服务的利益诉求；流动人口所引发的社会矛盾的主要起因是流动人口对于享有基本市民生活待遇的利益诉求；征地拆迁所引发的社会矛盾的主要起因是被征地拆迁者对于合理补偿的利益诉求。

在现代社会和市场经济条件下，民生对中国民众来说至关重要。民生问题对于目前中国民众的重要性，同 1949 年以前土地对当时中国民众的重要性相类似。

1949 年以前，中国基本上是一个农业社会（传统社会），绝大部分社会成员是农民。在农业社会，土地对于中国绝大部分家庭至关重要，直接影响到绝大部分家庭的基本生计问题。在自然经济条件下，人地结合，耕种土地，依赖农业，是绝大多数社会成员的基本生存方式。土地不仅仅是社会成员最为基本的生产资料，更是社会成员最为基本的生活资料。一个家庭的基本生计能否得到大致的保障，主要地取决于这个家庭是否拥有一块大致说得过去的土地。而在 1949 年以前的中国，人数相对较少的地主拥有着大多数土地，人数众多的农民却只拥有少数土地，因而大量社会成员的基本生计便难以得到保障，大量的社会矛盾也由此引发。正是通过土地改革，使得广大民众拥有了土地，其基本生计问题得以解决，相应地，由土地问题引发的严重的社会矛盾被消除，中国共产党也因之得到了中国民众的广泛拥护。

在中国现阶段，民生问题对于中国民众的重要性，类似于当年土地问题的极端重要性。对于越来越多的社会成员来说，随着工业化、城市化进程的推进，人地已经分离，大多数社会成员已经没有土地，人们已经摆脱了依靠耕种养家的生存方式，而是更多地依靠从事非农职业获取必要的收入来支撑基本生计。问题在于，在现代社会和市场经济条件下，尤其是在世界经济一体化和中国社会急剧转型的条件下，社会变化速率很快，各种不确定性因素过多，相应地，社会成员要面临着前所未有的诸如人生和职业方面的风险，并且，单靠一个人或一个家庭，不可能有效应对日益增多的社会风险。这就需要国家以社会整体的力量，为每一个社会成员和每一个家庭提供基本的民生保障，如就业（失业）保障、社会救济、低保、义务教育、公共卫生、养老保障以及其他多方面的社会福利。在中国现阶段，民生问题对于每一个社会成员、每一个家庭至关重要。对于每一个社会成员、每一个家庭来说，只要得到了最为基本的民生保障，就意味着其基本生存就没有了后顾之忧，其发展就有了起码的平台，同时也就能够平等、有尊严地融入社会，参与各种社会事务。所以，中国民众目前最为在意最为看重的事情就是基本民生的保障。一旦民生方面出现了问题，那么，大量社会成员对于未来便不可预期，大量社会成员的发展前景就无从谈起。

正因为民生问题对于中国民众如此之重要，涉及面如此广泛，已经成为现阶段中国民众最为看重的、最为基础性的、最为普遍的利益诉求，所以，这一问题一旦解决不好，就会加重加剧中国现阶段社会矛盾，就会影响到整个社会的安全运行。同许多国家和地区相比，这是中国现阶段社会矛盾的一个很不相同之处。

基于时代的潮流和普遍的民意所在，只要我们拿出类似于当年进行土地改革的劲头来改善民生，使中国民生问题得以大幅度大面积的改善，就能够赢得民众的普遍认同和支持，就能够大幅度大面积地消除社会矛盾的基本根源，从而稳住社会的基本面，确保社会得以安全运行，并为进一步推进改革奠定一个坚实的基础。

如何才能有效地改善民生进而有效缓解社会矛盾？这一问题涉及方方面面，需要我们做很多事情。其中，中国现阶段的一项迫切任务，是亟须建立起一个中初级的民生保障体系。唯有如此，才能从一个十分重要的方面确保社会的安全。中初级民生保障体系的基本内容是，要做到使全体人民"学有所教、劳有所得、病有所医、老有所养、住有所居"。初级民生保障体系的基本特征在于"中低水准、全覆盖、逐渐提高"。从实际财政实力来看，中国现在建立这样一个中初级的民生保障体系已经不是一个"能不能做"的问题，而是一个"想不想做"的问题。只要去做，一个初级的民生保障体系就能够顺利建立起来。中初级的民生保障体系一旦建立起来，就能够大面积大幅度地消除社会矛盾，从而为中国社会的安全运行提供一个重要的保障底线。

美国、英国等国家建立民生保障体系的时机对中国具有一定的参照意义。比如，1929—1933年的经济大萧条，给美国社会经济造成了巨大的灾难，引发了大量的社会矛盾。1935年，以制定《社会保障法》为标志，美国开始系统地建立民生保障体系，社会矛盾得以有效缓解。英国则是从1945年开始建立系统的民生保障体系。我们国家现在的人均收入和公共财力，远远超过了1935年的美国和1945年的英国。面临着种种有利的条件，就建立一个中初级的民生保障体系而言，中国应当、也能够比当时的美国和英国做得更好。

三十七、民生的界定及具体内容

　　对于民生问题作一个准确、合理、恰当的界定，是一件十分重要的事情。因为这直接影响到具体民生政策的制定和实施。如果对民生的界定过于模糊或者是内涵过于宽泛的话，那么，基于这种界定基础之上的民生政策就会不可避免地出现过于庞杂、模糊不清的状况。相反，如果对于民生的界定过于狭窄的话，那么，基于这样基础之上的民生政策也不免会出现不到位、不全面的情形。

　　"民生"一词最早出现在《左传·宣公十二年》，所谓"民生在勤，勤则不匮"。在中国传统社会当中，民生一般是指百姓的基本生计。到了20世纪20年代，孙中山给"民生"注入了新的内涵，并将之上升到"主义"、国家大政方针以及历史观这样一个前所未有的高度。孙中山对于民生问题较为经典的解释是："民生就是人民的生活——社会的生存，国民的生计，群众的生命。""民生就是政治的中心，就是经济的中心和种种历史活动的中心。""民生是社会一切活动的原动力。"（《孙中山选集》，人民出版社1981年版，第802、825、835页）

　　现代意义上的民生概念有广义和狭义之分。

　　广义上的民生概念是指，凡是同民生有关的，包括直接相关和间接相关的事情都属于民生范围内的事情。这个概念的优点是充分强调民生问题的高度重要性和高度综合性，但其明显的不足在于，概念范围太大。从直接相关和间接相关的角度看，广义上的民生概念几乎可以延伸到经济、社会、政治、文化等任一领域，无所不包，甚至还可以包括历史观方面的问题。这样一来，由于不宜操作和把握，所以倒容易冲淡人们对于直接、切身、具体、真正的民生问题的关注和改善，使民生问题难以同改善民生的具体政策和措施有效地结合起来。孙中山对民生的界定大致是从广义的角度来立论的。

由于广义上的民生概念太大，所包括的内容过于庞大，所涉及的面过于宽泛，同具体政策层面上的民生问题难以吻合，难以把握，所以，在具体政策和实际生活领域，人们一般不使用广义上的民生概念。

狭义上的民生概念主要是从社会层面上着眼的。从这个角度看，所谓民生，主要是指民众的基本生存和生活状态、民众的基本发展机会以及民众的基本发展能力，等等。

狭义上的民生概念相对来说比较准确，也容易把握，容易同具体层面上的民生政策吻合。我们平时所使用的民生概念一般都是狭义的民生概念。比如，如今社会上流行的说法——要"加快以改善民生为重点的社会建设"一语中的"民生"，就是从社会层面上着眼的。

具体之，民生问题包括由低到高、呈现出一种递进状态的三个层面上的具体内容：

民生问题第一个层面的内容，主要是指事关民众基本生计状态底线的内容。这一层面上的民生问题主要侧重民众的基本"生存状态"问题，即：社会要保证每一个社会成员"能够像人那样有尊严地生存下去"。其具体内容包括：社会救济，最低生活保障状况，基础性的社会保障，义务教育，基础性的公共卫生，基础性的住房保障，等等。

民生问题第二个层面的内容，主要是指同民众基本发展机会和发展能力相关的内容。人不仅要有尊严地生存下去，而且还要有能力生存下去。这一层面上的民生问题主要侧重民众基本的"生计来源"问题，考虑每一个社会成员"要有能力和机会活下去"，即：一个社会在满足了社会成员基本生存问题之后，就应考虑社会成员基本的发展能力和发展机会问题，以期为民众提供起码的发展平台和发展前景。其具体内容包括：促进充分就业，普及义务教育和基本的职业培训，消除歧视问题，提供公平合理的社会流动渠道，以及与之相关的基本权益保护问题（如劳动权、财产权、社会事务参与权），等等。

民生问题第三个层面的内容，主要是指民众基本生存线以上的社会福利状况。这一层面上的民生问题主要侧重民众基本的"生活质量"问题，即：当一个社会解决了民众基本生存和基本发展机会、基本发展能力之后，随着经济发展水准和公共财力的大幅度提升，随着现代制度的全面确立，进一步需要考虑的问题，应当是为全体社会成员提供生活质量得以全面提升的福利。这主要包括：民众应当享受到较高层面的社会福利，比如，未来公立高等学校的学生应当得到免费的教育；住房公积金应当普及到每一个劳动者那里；社会成员的权利应当得到全面的保护；等等。应当看到，这一问题属于较高层面上的民生问题，目前的中国社会尚没有能力全面解决这一问题。不过，应当将这一层面的民生问题作为未来的一个重要目标列入改善民生的中长期的目标体系当中。

从现实和操作逻辑看，民生问题上述三个层面上的内容具有一种逐层递进的关系，即：前一层面内容的基本实现是后一层面内容实施的前提条件，当前一层面内容基本实现之后，应当顺理成章地开始后一层面内容的努力。

民生问题具有以下几个明显的特性：

第一，刚性需求。

以基础性的物质生活条件为主要内容的基本生存问题，对于每一位社会成员来说，是最为直接、最为切身、最为基础的事情。基本生存需求的必要满足，既是人们的刚性需求，也是人们其他所有需求得以产生、存在的前提条件。

第二，逐渐增长性。

由于经济水准及社会文明程度在不断提高，由于人们平等意识的普遍增强，加之现代社会开放性所产生的一部分群体相对高水准生活对大众的示范效应，因而人们对自身基本生存的需求程度也在逐渐增长。具体之，便是人们对于民生有着逐步增长的期望。这种增长，既包括为人们对同一类公共服务产品需求程度的逐渐提高，也包括民生需求种类的逐渐增多。

第三，直接生活消费性。

这主要是针对生产投资性的公共投入而言的。民生有个特点，同社会成员基本生存生活状态和切身利益直接相关者，方属民生范围的事情，如社会救济、义务教育、基础性的社会保障以及基础性的公共卫生。民生问题应当包括许多公共设施的建设。但同样是公共设施，有基本生活方面的设施和基础建设方面的设施之分。显然，前者侧重于民众直接的生活消费，而后者更多地是侧重生产投资方面的事情。像是农村一些地区打水井、生活电线铺设、乡镇医院建设的投入，城市地区的社区医院、社会文化体育设施建设等方面公共设施，属于民众日常消费的事情，应当算作民生投入；而像是铁路、高速公路、港口码头、机场等大型基础公共设施方面建设中的多数事情，一来对民生的改善较为间接，二来存在着一个赢利的问题，因此严格讲不应当算作民生投入。如果不把民生内容予以明确，而将民生内容无止境扩大的话，将一切同民生有关的包括直接的和所有间接的事物都算作民生的话，那么几乎可以包括社会、经济、政治、文化等所有领域当中所有事情的公共投入。这样一来，便会冲淡了民生实际、迫切的内容，在很大程度上失去了改善民生的实际意义，而且会使民生问题成为一个巨大的无底洞，国家公共财力必定是力不胜任。

第四，基础保障性。

这主要是针对高档文化娱乐性公共设施而言的。改善民生的主要目的在于对民众基本生存状况的"保底"。换言之，改善民生侧重于"雪中送炭"，而不是"锦上添花"。对于像中国这样的发展中国家来说，在一个比较长的时期内，迫切的民生改善问题主要应当是基础性社会保障体系、基础性公共卫生体系、义务教育、基础性住房保障制度的建立。尽管像是豪华大剧院、豪华体育中心、豪华博物馆、豪华大学城、豪华政务中心、城市豪华广场和豪华马路等等的建设在很大程度上属于非赢利性的建设，也属于公共设施建设范围内的事情，但是，在国家公共财力有限的情况下，这样的一些豪华建设同迫切的民生问题并没有多少直接的关系，几乎可以说无助于迫切民生的改善，甚至会起相反的作用。相反，这一类的豪华公共建设花费巨大，就必然会挤占改善基础性民生问题的所用资金，而且，由于这一类豪华建设未来的运营成本、维修成本十分昂贵，还需要大量的后续投入，因而会大量透支未来改善迫切的民生问题的公共资金，实在是一件得不偿失的事情。

三十八、民生内容的基本框架是"3＋2"

　　民生的内容是有严格界定的。我们不能把民生的外延无止境地扩展，把所有与民生相关的事情都算作民生本身的事情，否则民生就没有多大意义了。虽说我们可以列出一个有关民生问题的详细指标体系，但其核心的内容实际上并没有那么复杂。一般来说，民生内容的基本框架是"3＋2"，即："社会保障""义务教育（基础教育）""公共卫生"，外加"就业保障"和"住房保障"。

　　"3＋2"可以说是民生当中最具有基础、核心、基本和标志性的内容。民生的"3＋2"指标大致覆盖了民众基本生存所需要的基本条件。同时，民生的"3＋2"指标也简单明了，便于操作。重要的是，民生的"3＋2"指标也是国际上通行的、具有可比性的民生指标，而并非自说自话的民生指标。另外，基于中国转型期特有国情，在"3＋2"的基础上，以后还可以适当考虑增加公共食品安全和环境保护两项内容，将民生的基本内容扩至"3＋2＋2"。

　　应当将民生的基本内容严格限定在"3＋2"的框架之内，否则便会差之毫厘，谬以千里。在现实当中，很多人将民生的理解过于泛化，常常是把同民生有关的事情都算作民生本身的事情。基于这样一种对民生的泛化理解，一些地方政府把许多本不属于民生范围内的事情都算作民生支出。比如，有的地方政府在"民生"支出的名下，把城市基础建设（包括城市豪华广场建设）、公路建设（包括高速公路建设）、铁路建设（包括高铁建设）、城市地铁建设、农田水利建设、环境生态建设，以及大剧院、博物馆、音乐厅、歌剧院等方面的支出，一古脑全都算作是民生投入，理由是这些事情都同民生有关。这种说法是不能够成立的。如果这样算的话，即：将凡是同民生有关的事情都算作民生内容本身的话，那么，还应当将政府行政成本算进去，因为，政府人员所从事工作大都同民生有关；还可以将军费开支也算作民生投入，因为军队的主要职责是要保护民众的基本安全，也同民生有关。简而言之，照此算法，几乎可以将所有的政府支出和公共投入都算作民生支出。这样一来，改善民生几乎等同于社会经济发展，民生问题已经没有多大特定意义了。前述认识及做法之荒谬，于此可见一斑。比如，2008年广东省"两会"期间，当地政府的财政报告提出，2008年广东新增财政的70%用于"民生投入"。但这种说法引起了代表的质疑："民生投入"究竟包括哪些部分？财政部门的解释是，"教育、卫生、科技、文化、农林水、环保、公共交通、社会保障、城乡社区事务管理应该都属于民生的范围"。代表则认为，"如果这么统计，那么除了公检法、行政机关的支出不包括，其他都包括了"。"如果这么说，政府不管怎么用钱，全都变成了社会公共事业的民生支出了。"人大代表提出，应该在报告中细化"民生"内容，让纳税人一眼能看到自己的钱到底花在哪儿。（《代表追问财政厅啥叫"民生"》，《新快报》2008年1月20日）应当说，这个质疑是有道理的。

更需要引起人们注意的是，对于重大事情的片面认识，必然会造成严重的误导效应，进而形成十分有害的影响。如果不是基于民生的"3＋2"指标，而是基于对民生过于泛化的理解，那就必然会进一步把民生当成一个好用的"筐"，将很多原本不是民生的东西都往里面装，从而会形成不小的危害。比如，一些地方有时会新借民生工程之名，仍然在行形象工程、面子工程之实。一些地方热衷于一些豪华工程的建设，而这些数额巨大的豪华投入现在常常是打着改善民生的幌子来进行的。这样做的结果，不但会挤占大量公共资金，减少真正的民生支出，从而妨碍现有民生状况的改善；而且还会由于大量举债，透支大量未来的公共资金，造成政府的巨额负债，进而延误未来民生的改善。

由上可见，推进民生事业的一个必要前提就是要严格界定民生的基本内容。这已经不仅仅是一个认识上的问题，而是一个有着重大社会影响的现实问题。政府在制定民生事业发展规划、设定民生指标时，务必应当将民生的基本内容严格限定在"3＋2"框架之内，防止将民生的内容予以无限扩大。特别是在目前中国真正的民生事业刚起步不久的这样一个重要时期，更是要防止先是将民生内容无止境扩大，尔后借民生之名大搞新的政绩工程、形象工程现象的发生。唯有如此，才有可能有效推动民生事业的健康发展，把好事办好。

三十九、改善民生必须遵循的几个重要规律

现在，人们对于民生问题的重要性已经形成明显的共识。但是，对改善民生的规律还不够重视，以至于在改善民生的过程中，出现一些明显的失误。这一点，需要进行必要的矫正。

基于民生本身的基本特性，我们在改善民生过程中必须遵循这样几个重要的规律：

第一，改善民生必须遵循两个"优先原则"。

第一个"优先原则"是，就公共投入总的顺序结构而言，应当以民生问题为优先。

政府的主要职能应当维护社会公正、改善民生，保证社会经济的安全运行和健康发展。而政府的主要职能是通过公共投入来实现的。这里，就引出了一个公共投入的优先顺序应当如何安排的重大问题。在市场经济和现代社会条件下，由于民生问题是一个社会的基础性的刚性需求，所以，就公共投入的优先顺序而言，应当以民众的基本需求为基本着眼点，应当以基本民生问题为优先。这是一个规律，是现代社会所必须作出的公共投入总体上的合理安排和布局。

由是反观中国一个时期以来的公共投入结构，则呈现出一种明显不合理的状况：公共投入的优先顺序在一定程度上呈现出一种颠倒的状况，很不正常。这几年虽然有明显好转，但由于积重难返，

民生状况的根本性改变还需要一段时间的努力。一方面，用于基本民生如社会保障、义务教育以及公共卫生方面公共投入比例过小，在世界各个国家当中位于后列的水准，与我们国家经济发展的"强势"状况形成了鲜明对比；另一方面，形成明显对比的，则是用于非民生如行政成本、基本建设等方面公共投入的比例过大，在各个国家当中位于明显前列的位置。比如，公款用车、公款吃喝、公款出国等行政成本以及各种形象工程、豪华工程等的支出位居世界第一的位置。这种情形如不改变，改善民生将成为一句空话。

第二个"优先原则"是，就民生本身的公共投入顺序结构而言，应当以基础民生问题为优先。

在解决了以民生问题为优先安排公共投入的顺序之后，进一步要做的事情是，在具体安排民生本身的公共投入顺序结构时，应当以基础民生问题为优先。道理很简单。在所有民生问题当中，基础民生问题是最为重要的，是其他层面民生问题改善的必要前提，因而在用于民生"兜底"方面的公共投入当中理应居于优先的位置。比如，在公共教育投入当中，应当以基础教育或义务教育的投入为优先，而不能以高等教育的投入为优先。

可见，即便同样是重视民生问题，但如果将非基础性的民生问题放到了优先的位置，而将基础民生问题放到了次要的位置，那么，其结果是，不仅会形成十分明显的改善民生的边际递减效应，延误民生问题的总体改善，而且会浪费巨大的公共财力。

第二，改善民生必须注重"加法"，慎用"减法"。

从技术操作层面上看，民生政策的制定和实施有一个十分明显的特点，这就是，对民生只能做"加法"，不能做"减法"，或者说，要注重"加法"，慎用"减法"。

由于民生问题具有刚性和逐渐增长的基本特性，所以，对于民众来说，如果普遍地增加了一些利益，自然是皆大欢喜。但是应当看到，作为人，无论哪个国家的人，都有个共同的弱点难以全面克服，这就是，社会成员一旦得到某种利益，哪怕是不尽合理公正的利益，就会觉得理所当然，当仁不让，就会觉得这些利益已经成为自身利益的一个有机组成部分。在这样的情况下，如果让他们将不尽合理公正的、已经得到的利益退掉，那么其难度肯定是很大的。如果对一些已经实施并且已经让民众得到益处的民生政策，发现其中某些方面不尽合理公正，或者是由于财政能力难以支撑而试图予以改变的话，让人们把已经到手的利益退掉，那么就往往会引发民众的广泛抵触，甚至会引发社会某些不安全现象的出现。这方面，西欧北欧一些国家有着一定的教训。这些国家有时之所以会出现一些社会骚乱，就是由于民众的过高福利被缩减，因而引发人们对社会的不满所致。

对于中国社会来说，这一问题更加重要和敏感。中国在系统地制定民生政策方面缺乏足够的经验。在制定和实施民生政策时，有些地方的官员有时容易冒进，难免会出现某些明显的失误。而一旦出现失误需要矫正相关的民生政策时，就容易招致民众广泛的不满。

这就要求我们，在制定民生政策时，既要尽力而为，又要量力而行。不许诺办不到的事情，也不出台虽一时会赢得民众的喝彩，但却是不可持续的民生政策。一定要慎而又慎，有必要多做试点。只有对某些民生政策有了明确把握的时候，才能推出实施，以此确保出台的民生政策不但是有效的，而且是可持续的。

第三，改善民生必须有利于而不能妨碍人们的自由发展。

从基本定位的角度看，民生问题不是一个独立的领域，它从属于社会公正问题。

社会公正有两个相辅相成的基本价值取向：第一个基本价值取向是，要让全体社会成员能够共享社会经济发展成果；第二个基本价值取向是，为每一个社会成员的自由发展提供充分的空间。社会公正第一个基本价值取向的主要功能在于"保底"，即：确保并不断提升全体社会成员生存与发展的基本底线，以求得社会的团结。社会公正第二个基本价值取向的主要功能在于"不限高"，以充分激发整个社会的创造活力。

由此可见，改善民生，是属于社会公正第一个基本价值取向亦即"共享"所关注的基本内容，但远远不是社会公正的全部内容。这就提示人们，在改善民生问题时，不仅不能妨碍、而且还应鼓励和推动人们差异化的自由发展，否则社会便会缺乏活力和创造力。

准确把握这一规律，对于防止平均主义的复活来说有着特别重要的意义。应当看到的是，平均主义在中国历史上存在了很长的一段时间，有着较为深厚的群众基础，就是现在，不患寡而患不均的概念仍然根深蒂固。如今比较复杂的情形是，改善民生的迫切要求同潜在的某些平均主义因素有时是交织在一起的。再加上，改革开放以来，随着人们生活水准的大面积大幅度的提高，人们对未来生活的期望值也在普遍提高，而且这种普遍提高的期望值也往往是同平均主义交织在一起的。凡此种种，使得平均主义有时会借改善民生的名义而抬头。

中国以及许多发达国家曾经有过的历史教训已经证明，平均主义或者是高福利政策的实施，必然会产生"劫富济贫"的不公正现象，或是造成超出一个国家财政实际负担能力的高福利现象，这就必定会降低社会在生产方面的投入，降低社会成员的工作积极性，从而最终削弱社会的发展活力。有学者指出，对全社会来说，由于在社会福利方面的支出过大，国家财政负担过重，会使"国民习惯依赖福利金和政府服务，工作意欲弱化，自力更生精神从而受损"（黄黎若莲：《"福利国"、"福利多元化"和"福利市场化"探索与反思》，《社会保障制度》2001 年第 1 期）。这一切，必然会导致整个社会生产效率的降低。例如，"作为典型的'福利国家'，英国所遇到的棘手的问题不仅仅是财政上的负担以及由此引起的通货膨胀，而且还产生了经济上的低效率，即劳动生产率的低下和经济资源的浪费。这个问题使得英国政府感到同样苦恼"（罗志如等：《二十世纪的英国经济——"英国病"研究》，人民出版社 1982 年版，第 152 页）。

四十、不宜忽略改善民生的几个必要界限

民生问题至关重要。民生不仅事关民众的基本生活质量，而且事关社会公正、社会安全以及经济内需拉动等重大事项。改善民生如果做得不够，必然会对社会的安全运行和健康发展造成诸多的负面影响。对于这一问题，人们如今已经形成共识。此外，我们还应看到另一方面的问题，即：虽然重视改善民生，但如果改善民生行为出现不当的情形，同样也会引发众多严重问题，并且还会延误民生本身的改善。为了防止改善民生中的不当行为，有效顺利地推进民生事业，必须严格把握住改善民生这一事业的几个必要界限。

第一，不应将民生当成社会公正的全部内容。

由于民生问题的极端重要性以及民生与社会公正两者关系的高度相关性，容易让人将民生与社会公正两者基本当成一回事，认为改善民生就是维护和促进社会公正，维护和促进社会公正就是改善民生。这种看法十分片面，而且其中还隐含着有害的误导因素。

从内容定位的角度看，民生问题从属于社会公正。改善民生固然是在维护和促进社会公正，但问题在于，维护和促进社会公正却不仅仅只是限于改善民生。实际上，社会公正有两个相辅相成缺一不可的基本价值取向。社会公正的第一个基本价值取向是，要让全体人民共享社会发展成果；第二个基本价值取向是，要为每一

个社会成员的自由发展提供充分的空间。可见，改善民生只是维护和促进社会公正两项基本内容当中的一项，而远远不是其全部内容。

如果将民生问题当成社会公正的全部，则是片面、有害的。民生问题强调的是，社会成员生存状态的一致性和相似性，即：随着社会经济的发展，每一个社会成员的基本尊严和基本生活以及社会保障水准的底线应当随之不断提高。缺少这一点，整个社会将是不团结、缺少整合性的。社会公正第二个基本价值取向所追求的自由发展，则是强调社会成员生存和发展的差异性，即：各尽所能、各得其所。在现代社会和市场经济条件下，一种基本的常态现象是，社会成员有权利按照自己的意愿进行自主选择，通过自身的努力和付出，获得不同于他人的差异化、多样化生存状态，包括收入及财产状况的差异化、多样化状态。一个社会，如果缺少自由发展，那么，这个社会将会由于缺乏活力和创造力而难以为继。显然，如果将民生问题等同于社会公正的全部内容，那么，就必然会催生平均主义现象，进而意味着要消除社会成员生存状况的差异化、多样化，消除自由发展的可能性。如是，马克思所期望的建立一个"自由人的联合体"的目标将永远不可能实现。

在中国，准确把握民生问题的这一必要界限，对于防止平均主义的复活有着特别重要的意义。应当看到，平均主义在中国历史上存在了很长的一段时间，有着较为深厚的社会及民众基础。平均主义曾经严重抑制了中国的发展。就是现在，不患寡而患不均的概念仍然根深蒂固。平均主义是另一种类型的不公正现象，其本质特征是否定社会成员生存状态的差异性多样性。如今比较复杂的情形是，民众改善民生的迫切要求同某些潜在的平均主义因素有时交织在一起；再加上改革开放以来，随着人们生活水准的大面积大幅度的提高，人们对未来生活的期望值在普遍提高，而且这种普遍提高的期望值也往往是同平均主义交织在一起的。凡此种种，使得平均主义有时会借改善民生的名义而抬头。问题的严重性在于，平均主义一旦抬头，便会对市场经济，对人们差异化的自由发展以及相伴而来的差异化的生活状况，对各尽所能各得其所的社会公正原则形成严重的破坏，会使一部分社会成员养成不劳而获的心理预期，从而程度不同地阻碍改革发展进程的推进。对此，我们应当有清醒的认识。切不可将民生问题等同于社会公正，进而使得平均主义借改善民生的名义而程度不同地复活。

第二，不应试图一揽子解决民生问题。

改善民生是一个过程，不可能一蹴而就。我们不能指望通过多管齐下，一揽子解决的方式，一劳永逸地彻底解决民生问题。正如发展经济要防止速成论一样，改善民生也是如此。改善民生既要尽力而为，同时也要量力而行。

说到底，改善民生能走多远，要受制于一个国家经济和公共财力实力的具体状况，要与这个国家经济状况和财政状况相适应。在一定时期，用于民生支出的比例过小固然不对，但如果走向另一个极端即用于民生支出的比例过大而且又持续较长的时间，则会出现力不胜任，不堪重负的严重问题。原因很简单。从某种意义上讲，在一定时段当中，社会成员民生需要的增长空间相对是很大的，而经济水准和财政能力的增长空间却是相对有限的。换言之，社会成员对改善民生的需求是一个加速度增长趋势，而支撑这一加速度增长趋势的经济和财政实力的增长却是一个有限的数值，不可能完全满足呈加速度增长趋势的民生需求。公共卫生保障问题就能清晰地说明这一点。公共卫生保障是改善民生当中的一项重要内容。一个国家要想完全满足民众对公共卫生保障的需求，其难度越来越大，几乎是不可能之事。医治大病的新药品和新治疗方法（如心肺肾脏移植手术等）刚刚面世时，其价格往往十分高昂。但即便是天价，为了生命，患者必然会要求使用。再者，随着老龄社会的到来，老年人越来越多，老年人的健康保健越来越成为社会的大事情。这样看来，如不考虑实际的公共财力水准，要想完全解决公共卫生保障问题，对所有的医疗项目甚至连同所有的保健项目都做到完全的公费支付，那么，随着时间的推移，整个社会对其支出比例将会越来越高，以至于不可避免地会成为一个无底洞，成为一件力不胜任的事情。一个基本的事实是，如今且不说发展中国家和地区，就是几乎所有的发达国家都没有也不可能完全解决好公共卫生保障问题。

力不胜任地试图一揽子解决民生问题的做法，其后果十分有害。其一，会严重削弱经济发展的后续推动力。从宏观角度看，过高公共财力的支出，意味着税收的加重。一个普遍的现象是，凡是高福利国家，都是高税收国家。对企业来说，过高的税收，必然会窒息其发展活力。从微观角度看，过高的福利水准，必然会增加民众对于社会的依赖心理以及对更高福利水准的心理期盼，降低社会成员的劳动积极性。其二，不利于社会的安全运行。力不胜任地支撑过高水准的民生政策，必然是难以持续，迟早会进行大幅度的政策调整。问题在于，一旦被迫改变福利现状，让人们把已经到手的利益退掉，那么就往往会引发民众的广泛抵触，甚至会引发社会某些不安全现象的出现。

上述情形提醒我们，在中国现阶段，特定的国情条件决定了建立一个高级的或者是中级的民生保障体系是一件力不胜任、不切实际的事情。在中国现阶段，根据尽力而为和量力而行的准则，建立一个中初级的民生保障体系的目标则是切实可行，能够做到的。

第三，不应忽视公益慈善组织在改善民生当中的重要作用。

就改善民生而言，政府固然是最为重要的主体力量，但并非唯一的主体力量。应看到，改善民生不能完全依赖政府的力量，公益慈善组织也是改善民生的重要力量之一。由于公益慈善组织同现实社会及民众的联系更加密切，而且大量公益慈善组织的专业性相对更强一些，因而与政府相比，公益慈善组织对改善民生的针对性及反应力相对要更强、更灵活一些，在不少具体的民生领域能够起到政府难以起到的作用。如果缺少公益慈善组织这一重要力量，那么民生的改善不可能是贴切、扎实、有生命力的。

同很多国家和地区相比，就改善民生而言，中国的公益慈善组织远远没有起到应有的作用。与不少国家和地区相比，有着较大的差距。有数字显示，2008—2012 年，中国各种公益慈善组织平均每年所接受的捐赠款物只有 878 亿元；从年度看，2012 年各种公益慈善组织所接受的捐赠款物只有 817 亿元，仅占当年 GDP 总量的 0.16%，人均捐款数额仅为 60.4 元。(《中国慈善捐赠额总量、人均量连续两年下滑》，《南方日报》2013 年 9 月 22 日) 相比之下，2006 年美国慈善捐款总额达 3000 亿美元，参加捐款的家庭达 89%，全国人均为 1620 美元。(张彦：《对美国慈善救助事业的近距离考察》，《社会观察》2008 年第 1 期) 2008 年，慈善组织接受的捐款总额高达 3076.5 亿美元，占当年 GDP 总量的 2.2%。(饶锦兴：《美国慈善事业发展印象》，《社团管理研究》2011 年第 1 期)

显然，中国公益慈善组织的潜能如能激活，必然能够对整个国家的民生事业产生巨大的助推作用。为了有效推动中国公益慈善组织的发展，就必须消除公益慈善组织发展的短板，积极做好这样一些事情：一是要普遍增强民众的公益慈善意识。民众对公益慈善事业的捐助，是一种自愿行为。公益慈善意识如果没有普遍形成，公益慈善组织的发展是不可能之事。二是要提高公益慈善组织的公信力。不能否认，这些年中国公益慈善组织的公信力明显不足，这就影响到民众对公益慈善事业的信心，进而对公益慈善组织的发展产生不利的影响。三是要提高公益慈善组织的专业水准。

目前中国现代型的公益慈善组织起步不久，其专业性不高。这既影响到这些组织应有作用的发挥，也对其公信力产生了一些不利的影响。四是要提高政府对公益慈善组织的扶持力度。现代型的公益慈善组织在中国的出现毕竟为时尚短，其实力及社会基础毕竟比较薄弱，因而需要政府予以政策及资金方面的大力扶持，帮助其得以顺利成长。

四十一、公共投入优先顺序的颠倒

公共投入的优先顺序问题至关重要，它直接影响到一个国家民生状况的如何。

改善民生是政府的主要职责之一，而这种职责必须通过必要的公共投入方能实现。凡是现代化建设成功的国家和地区，无不印证了一个规律性的事情，这就是：就公共投入的优先顺序而言，应当以民众的基本需求为着眼点，应当以民生问题为优先。

具体到中国的民生状况来说，改善民生并不是一个缺乏公共资金的问题，而是一个公共投入的优先顺序没有安排好的问题。

不能否认，近年来政府大幅度加大了民生支出。比如，2010年前后的几年，国家对教育、社会保障的财政支出每年增加幅度在20%以上，"大补"了一阵，这在很大程度上矫正了以往公共投入优先顺序严重颠倒的状况。但由于积重难返等多个方面的原因，我们国家公共投入的优先顺序仍然存在不尽合理之处。这主要表现在两个方面：

第一，国家在基本民生方面公共投入的比例仍然偏低，在世界上仍然属于后列国家。

我们不妨先来比较一下具有代表性的一些国家在基本民生方面投入的基本情况（见表1）。需要说明的是，由于各个国家和地区统计口径不尽一致的原因，这个表格所列的数字并不具有"完全的"可比性。虽然如此，但毕竟仍然具有"一定的"可比性。

表1 不同国家在基本民生方面的公共投入状况比较（单位：%）

国家和地区	中央政府公共社会保障支出比重	公共教育经费支出占GDP比重	中央政府公共医疗支出比重
世界		4.7	
高收入国家		5.1	
中等收入国家		4.4	
中国	0.31（中央和地方支出合计在国家一般公共预算的比重10.5）	2014年为4.15；2012年为4.1	0.4（中央和地方支出合计在国家一般公共预算的比重为6.7）
美国	32.13	5.2	24.31
法国		5.5	
德国		4.8	
英国	35.65	5.8	17.69
波兰	43.65	4.9	12.1
伊朗	30.9	3.7	6.69
俄罗斯	38.67	3.8	7.88
印度		3.9	1.71
韩国		4.6	4.43
阿根廷	39.94	5.1	5.3
南非	13.88	6	2.69

资料来源：中国的相关数据根据《中国统计年鉴2015》《中国统计年鉴2013》（国家统计局）的相关数据整理而成；别的国家的相关数据取自《国际统计年鉴2015》（国家统计局）。

这个国别之间横向比较的表格至少能够在一定程度上说明，中国在基本民生方面公共投入的比例位居各个国家的后列。其一，中央政府在社会保障方面的公共投入比例过小，且不说与发达国家相比差距过大，就是同许多发展中国家相比也有明显的差距。其总体水准居于各个国家和地区的后列，应当说是一个不争的事实。其二，公共教育经费投入相对来说还算可以，是与各个国家民生投入最接近的一个指标。但有一点需要注意。中国公共教育经费投入当中的很大一块是用于非义务教育亦即高等教育方面，相比之下，国家在原本应当用于义务教育的公共投入方面相对来说就大幅度减小了比例。其三，中央政府在公共医疗方面的投入不但远远落后于美国、英国等发达国家，远远落后于波兰、俄罗斯等发展水准相对较高的发展中国家，甚至明显落后于南非、印度等发展水准相对较低的发展中国家。

另外特别需要注意的是，其一，政府的收入还包括大量的预算外财政收入以及土地方面的收入，而这些收入主要是用于非严格意义上民生支出的城市建设方面。其二，一些地方政府大量举债，这些资金不但没有用于改善民生，而且以后偿还本息的压力巨大。这无疑意味着在一定程度上透支了未来改善民生的资金。其三，中国目前的社会保障及公共卫生政策存在严重的"双轨制"现象。比如，公共医疗投入的 80% 是用在城市，而不是农村；在城市当中公共医疗投入的 80% 用于少数人群体，而没有用于广大的城市居民和"农民工"人群。总之，如果把前述因素考虑进去，我国用于基本民生的公共投入的比例实际上更低。

第二，不合理的公共投入过大。

与民生方面过低的公共投入形成鲜明对比，我们国家在不合理的公共投入方面却是居于世界前列。这种现象很好解释。公共资金蛋糕就这么大，此消彼长。用于民生的比例很小，用于非民生的投入自然就会位居世界前列。这些不合理的公共投入主要表现在两个方面。

第一个部分是，我国的行政成本过高，居世界前列。

我国政府在一般公务方面的财政支出比重是世界各国当中最高的。按照国家统计局的数字，从 1978 年至 2004 年，中国财政收入增长约 23.3 倍，而行政管理费用则从不到 49.09 亿元升至 4059.91 亿元，增幅达 82 倍。行政管理费占财政总支出的比重已达到 14.2%。(《新中国五十五年统计资料汇编》，中国统计出版社 2005 年版，第 18、22 页) 这个数字已经很高了。如果按照一些学者的测算，实际上的行政成本要高得多。有学者指出，在我国 2003 年国家财政支出结构中，加上预算外支出进行调整以后，行政公务的实际开支比例是 37.8%。(周天勇:《中国的税负有多重》，《中国企业家》2005 年第 19 期)

虽然自 2012 年 12 月的"八项规定"以来，行政成本的增量被杜绝，存量开始减小，但由于行政成本绝对数字的体量太大，其大幅度的下降尚需一段时间的努力。

第二个部分是，豪华性的城市建设，居世界第一。

这是不合理公共投入最大的一头。与之相比，即便是过高的行政成本，也是小巫见大巫。

我们国家的城市化正在如火如荼地进行，这是一种历史的必然趋势。具体看，不少地方重视城市化确实都有合理的理由，很多地方城市化程度比较低，需要想办法提升上去。但是，如果上升到全国整体宏观角度看，并且放到同一个时间段来看，城市化进程中确实存在着过犹不及的现象，令人担心。有一个数字增加了这种担心。"根据国家发展改革委城市和小城镇改革发展中心提供的数据，截至 2016 年 5 月，全国县及县以上的新城新区数量 3500 多个，这些新城新区规划人口达到 34 亿。"(《规划能住 34 亿人新城，怎么想的?》，《新京报》2016 年 7 月 15 日) 有专家测算，目前已经圈到手的建设用地是个什么概念呢? 34 亿人，差不多可供接近世界一半的人口。这个数字告诉我们，且不说中国的财力不可能支撑这种做法，就是把整个欧洲美国日本等国的全部资金拿到中国进行城市化建设，要完成这些目标，都已经是完全不可能的事情。有经济学家提醒，这种状况不改变的话，其危害会超过1958年的大跃进。总之，豪华性的城市建设已经成为吞噬公共资金投入的最大黑洞。

第三个部分是，大量豪华工程和豪华建筑物的建设，居世界第一。

大约从21世纪初期开始，在中国的许多地方出现了一股大规模建设豪华工程和豪华建筑物的热潮。这股热潮势头之猛，影响区域之广，为新中国成立60多年来所仅见。各种形象工程、面子工程几乎遍布全国各地。豪华工程和豪华建筑物的建设高居世界第一。已建成的全世界超一流的体育场馆不下十几个，全世界超一流的音乐厅大剧院不下几十个，全世界超一流的会议中心不下几十个。比如，一个经济并不富裕的城市耗资10亿元，建设了近7万平方米的大剧院，用20公斤黄金铺满大幕炫耀金碧辉煌，用钢总量近1万吨。九三学社对南方某省40多家剧院调查后发现，这些剧院全部采用高耗能、高耗材的建筑形式，文化设施建设投资迅速攀升。(《30个城市新建亿元剧院 委员斥"文化面子"工程》，《中国青年报》2011年3月10日)

如果说税收过高、民众赋税负担过重等不合理现象是对民众"多取"的话，那么，公共投入优先顺序不合理现象则是对民众"少予"。对民众既"多取"又"少予"，其后果必然是妨碍民生的改善，降低民众的实际生活水准。

显然，公共投入优先顺序颠倒这样一种现象如果不予进行强力度的矫正，那么，改善民生也只能成为一句空话。

四十二、改善民生的时机不能延误

如果说改善民生是整个现代化进程都必须做的事情，那么，对于转型期的发展中国家和地区来说，改善民生则是一件更加重要更加迫切的事情。对此不难理解。不失时机地改善民生，无论是从改革发展所需要的社会合作基础的角度来说，还是就有效防止社会矛盾趋于恶化的角度而言，都是必要的条件。

不少发展中国家和地区的发展历程表明，在其转型期，民生问题如果得不到应有的改善，容易引发如下两种类型的社会矛盾：

一是民粹主义式的抗争。

一些发展中国家和地区转型期社会矛盾的一个突出表现便是民粹主义式的抗争。之所以会出现这种情形，其重要根源在于民生问题长期没有得到根本性的解决。这些国家和地区社会转型之初最大的民生问题是土地问题。只有成功进行了土地改革，才能使广大农民依靠自己的一份土地获得起码的日常生活条件。但是一些发展中国家和地区如拉美和东南亚的一些国家并没有进行土地改革或者是没有解决好土地改革问题，甚至出现地主大规模兼并土地的现象，于是大量农民便被赶入城市。进城后，这些几乎一无所有的农民一部分成为工人，收入十分低下；一部分依靠打零工艰难度日。而且，这些国家和地区在很长的一段时间内没有建立完整的社会保障制度，几乎谈不上改善民生，大量的社会成员只能居住在贫民窟，其生活非常艰辛。有学者发现，在拉美国家 20 世纪 70 年代，贫困的小土地农民和无地农民陆续走进城市，城市贫民窟的人口每年以10%—15% 的比例增加。1976 年，巴西有 2200 万户贫民区的常住户，有 400 万户住在简陋和临时的建筑物中；30% 的城市居民和63% 的农村居民住在没有任何卫生设备的住宅。（尹保云：《现代化通病》，天津人民出版社 1999 年版，第 169、170 页）在此基础之上，必然会形成一种涉面广泛而且是根深蒂固的"贫困文化"，促成民粹主义的滋生蔓延。

虽然从一定意义上讲，民粹主义是民众某种正当利益诉求的反映，但是一旦过度，便会成为一种巨大的社会冲击力，对正常的社会秩序产生有害的影响。重要的是，民生问题长期得不到应有的改善，民众最为起码的利益诉求长期得不到满足，不仅会使民粹主义长期存在，而且有可能使某种类型的民粹主义形成一定的组织、一定的纲领，进而形成某种影响更为深远的群体性的"争斗"意识和"争斗"文化。如是，社会各个群体之间的交往已经难以成为互惠互利的良性合作，相反，却容易陷入有你没我的恶性互斗。

二是多种严重的社会矛盾捆绑在一起。

从大概率的角度看，每一个时代的民众均有某种普遍的利益诉求，从而构成了某种时代的中心议题。在一些发展中国家和地区的社会转型初期，民生往往成为民众的普遍利益诉求。如果这些国家和地区重视改善民生，如果只是从社会成本来看，相对来说比较好解决，毕竟主要是个相关群体的"让利"问题。

问题在于，随着时间的推移，长期得不到解决的民生问题，不但会加重民众在民生方面的利益诉求，而且，民众有时会基于"归因"的原因，将原本属于物质利益方面利益诉求的问题向其他领域蔓延，同其他方面的利益诉求结合捆绑在一起。比如，将之同政治领域、民族领域以及宗教领域的利益诉求捆绑结合在一起。如是，不但会使问题趋于复杂化，而且有时会使社会矛盾趋于激化。民生问题一旦蔓延到别的领域，有时会同一些激烈的政治理念、极端的宗教理念或极端的民族主义观念结合在一起，其后果必定十分严重：几种负面能量叠加在一起，相互感染、影响，致使社会矛盾冲突的持续时间会拉长，化解难度会增大，负面效应会倍增。这时所付出的成本及代价恐怕要远远大于在这之前仅仅是解决民生问题所付出的成本。民生问题一旦与政治问题捆绑在一起，则会变成一个争夺政治权力的问题；民生问题一旦与民族问题捆绑在一起，则会变成一个要求民族"独立"的问题；民生问题一旦与宗教问题捆绑在一起，则会变成一个不同宗教不同教派之间的激烈对抗。

总之，如果在社会转型初期阶段没有解决好民生问题，那么就会造成或加重社会矛盾。

特别应当引起人们注意的是，在一个国家当中，由民生问题所引发的社会矛盾如果长期得不到缓解，便有可能促成一些社会群体习以为惯的某种行动取向或社会矛盾冲突易于重复发生的某种基本框架的形成。这种框架一旦形成，便具有了一定的相对独立性和稳定性，成为一个国家某些社会群体的某种行为惯性。这种行为惯性进而会成为一些社会群体抗争的路径依赖，使得社会矛盾冲突具有了更大的势能积累和发展的空间，从而更加难以缓解。如是，不仅影响着当下的社会安全局面，而且使得社会的未来发展举步维艰。

有时还会出现这样一种情形，严重的社会矛盾虽然没有达到中断社会发展进程的地步，但它的长期存在，会长期维持着一种社会群体之间的非良性互动局面，进而使得社会的发展陷入缓慢、艰难的"亚发展"或是"低度发展"状态。阿根廷近百年的发展历程就比较典型地说明了这一点。在 20 世纪前后的数十年间，阿根廷曾出现发展的"黄金时代"，成为拉丁美洲发展的领跑者和全世界最富裕的国家之一。"1900 年，阿根廷的人均国内生产总值（GDP）

分别为美国、英国和澳大利亚的一半，是日本的 1 倍，略高于芬兰和挪威，略低于意大利和瑞典。"（江时学：《阿根廷危机的由来及其教训——兼论 20 世纪阿根廷经济的兴衰》，《拉丁美洲研究》2002 年第 2 期）但自 20 世纪 30 年代以后，阿根廷的发展现出一种"颓势"，与其他国家发展水准的差距逐渐拉大，从一流富裕国家而逐渐变为中等发展的国家。这种状况一直延续到现在。究其原因，除了经济层面的原因之外，民生问题以及贫富差距过大长期得不到改善等等引发的比较严重的社会矛盾一直没有得到有效的化解，以至于造成社会各个群体之间长期存在的恶性互斗而缺少团结合作的社会局面，也是一个十分重要的原因。

可见，对于处在转型期的发展中国家和地区来说，切不可延误改善民生的时机，否则便会引发甚至是催生严重的社会矛盾。而解决或缓解社会矛盾的重要途径之一便在于改善民生。

四十三、就业的社会意义

人们有时只是从经济效率和经济收入的角度来考虑就业问题，这种做法应当说不够全面。一个社会的就业问题解决得好坏，涉及社会的方方面面，其影响极为广泛和深远。就业问题是一个事关社会公正的问题，是一个事关社会安全运行和健康发展的问题。对于中国社会来说，就业问题更是一个十分迫切的现实问题，而且，随着中国现代化进程和市场经济进程的逐渐深入，这一问题的重要性愈益凸显。因此，我们不能仅仅从经济的意义上来考虑就业的效应，而更应当从社会的意义上考虑就业的效应。

就业的社会意义主要表现在以下几个方面：

第一，就业是人们进入正常的社会生活环境所不可缺少的必要条件。

每个人是无法离开社会的，社会群体生活是人类生活的一个基本特征。正常的社会群体生活是人们进入正常的社会生活环境的主要途径。片面的、狭小的、封闭的社会群体生活会造成人们不正常的社会生活环境。就一般情形而言，每一个适龄的社会成员在社会分工体系当中都应当有一个特有的位置，每一个适龄的社会成员都是通过特定的职业、特定的工作获得正常的社会群体生活，从而进入正常的社会生活环境。所以，拥有一份职业、一份工作，是人们平等地进入、融入一个正常的社会生活环境的一个必要条件。相反，如果一个人长时间地失去职业，没有工作，那么，就往往意味着这个人社会生活状况的边缘化，进而不仅会造成失业者与正常社会生活环境之间的隔阂，而且还会使失业者的尊严以及独立的人格受到严重的伤害。

第二，就业是缓解贫富差距、大面积地消除贫困现象的有效途径。

就业是就业者及其亲属基本生活费用的主要来源。就业是民生之本。对于绝大多数社会成员来说，获得一份稳定的工作，就意味着拥有了一份比较稳定的收入，意味着就业者及其亲属能够得以正常的生活。就业问题解决得好坏，同这个社会的贫困问题以及贫富差距问题的严重程度有着直接的相关性。严重的失业问题，必定会造成这个社会里大量家庭的基本经济收入大幅度降低。假如一个社会里的大多数社会成员的收入相差不大，那么，失业问题所造成的后果会十分明显。比如，像中国城市里比较典型的三口之家，如果这个家庭原本属于中等收入水准，如果夫妻两人有一方失去了工作，那么，这个家庭就会卜降至低收入家庭。尤其在社会保障严重缺乏的情况下更是如此。严重的失业问题必定会增大贫困群体的队伍，失业者本人及其亲属最有可能首先沦为贫困者。事实也是如此。许多学者通过调查发现，中国城市的贫困群体成员当中有相当大的比例是源自失业或下岗。特别需要指出的是，在中国现阶段，由于缺乏系统的社会保障制度，由于中国的发展起步时间不长、社会成员的财富积累十分有限等原因，中国社会成员的基本生活对于就业的依赖程度尤其高。由此可见，中国的失业问题所造成的贫困问题甚于发达国家。这是中国社会的就业问题不同于许多发达国家的一个明显特征。由此还可以得出这样的看法，在中国的现阶段，解决贫困问题和贫富差距问题的最为有效的途径之一，就在于增加就业机会，从总体上消除至少是缓解失业问题。

第三，就业有助于社会成员自身的发展。

当社会成员解决了生存问题之后，就会面临着一个自身发展的问题，就会产生新的需求。而就业对于社会成员的自身发展问题也有着有益的影响。其一，有助于职业能力的不断提高。随着现代化进程的逐渐深入，随着产业结构的升级换代，随着科学技术的迅速发展，新的职业在不断地产生，大部分原有的职业也必须适应新的形势而进行程度不同的更新或调整。因此，即便是在职业的范围之内，就业者也必须不断接受新的知识，注意发展自身的能力。其二，有助于继续社会化以及再社会化。社会是在不断发展变化的，生产方式、生活方式、价值观念、行为规范以及社会制度等等都在不断地发展变化，尤其是在社会的急剧转型时期，这种发展变化的幅度就更为明显。于是，对于社会成员来说就产生了一个继续社会化和再社会化的问题，以适应时代的新形势和社会的新需要。但是，人们不可能凭空地进行继续社会化和再社会化。人们只有以职业的具体要求为基本的平台和依托，才能有效地介入、适应新的社会环境，换言之，才能有效地进行继续社会化和再社会化。

第四，就业是保证社会成员后代健康成长的必要条件。

拥有一份工作，不仅对就业者本身至关重要，而且对于其后代的健康成长、顺利地完成社会化过程也是十分重要的。之所以这样讲，是因为一个正常的家庭在人的社会化过程中具有不可替代的重要影响，而就业又是一个家庭得以正常维系的重要因素。一方面，正常的家庭有利于子女身心的健康发展。对于子女的社会化来说，家庭几乎是最重要的影响因素。可以这样说，家庭是人生的第一所学校，父母是子女的第一任老师。正常的家庭有利于子女情感如爱心的培育，有利于子女正常生活技能的掌握，有利于子女健康行为规范的形成。一旦家长失去了工作，那么，这个家庭就很有可能因为经济基础的薄弱而成为一个不正常的家庭，从而对于子女的社会化过程产生诸多不利的影响。暂且不说家庭经济收入的不足会直接影响子女体能的发育，就是父母的心态也会对子女的心理造成许多有害的影响。比如，失业者的焦虑心态、对于社会的非认同的态度以及封闭的生活取向等消极的心理成分都会或多或少地直接传递给其子女，从而对子女的心理产生不良的影响，妨碍子女正常的价值观念、社会责任感的形成。另一方面，正常的家庭对于子女接受学校的正规教育也是必不可少的条件。这主要是指家庭必须为子女的教育缴纳必要的费用。在中国现阶段，义务教育不够完善，社会还没有把中小学生的学习费用全部包下，尤其是许多农村地区的义务教育更成问题。所以，对于许多一般收入家庭而言，如果父母失去了工作，家庭收入迅速降低，那么，其子女能否顺利地完成基础教育便成了问题。

第五，充分的就业意味着人力资源的充分开发。

对于一个社会的发展来说，人力资源是一项最为重要的社会资本。人力资源的开发状况对于这个社会发展动力的强弱状况以及发展的持续性状况均有着重要的影响。就人力资源的开发而言，有一明显的弹性空间，即开发与否以及开发程度的高低有着明显的差别。而人力资源得以充分开发的一个重要标志就是实现充分就业（虽然还不能说是唯一标志）。充分就业从一个重要的方面意味着人力资源得到了比较充分的开发。相反，一个社会如果存在着大量的失业人员，那么就说明了这个社会的人力资源开发得很不够，没有做到人尽其能，人力资源被大量地浪费。另外，实现充分就业进而充分地开发人力资源，还可以使社会成员形成一种真正的劳动意识和社会责任感，防止一部分社会成员长期由另一部分来"供养"的不合理状况。因为，大量的失业人员如果过度地、长时间地依赖社会福利而生活，在客观上会产生明显的不健康的社会现象，如平均主义的意识和寄生的心理。

第六，充分就业有助于提高社会的整合程度。

一个社会只有实现了充分的就业，社会成员的经济收入才有可能普遍地得以稳步的提高。在此基础之上，社会成员才有可能对自身处境形成较好的评价，才有可能普遍认同社会，形成一种积极的社会态度。只有实现了充分的就业，社会成员才有可能进行平等的社会交往和沟通，最大限度地消除社会群体之间的隔离因素，并形成主流化的社会价值观念和行为规范。如是，则有助于增进社会合作，提高社会的整合程度，进而实现社会的安全运行和健康发展。相反，一个社会如果存在着严重的失业问题，那么，必定会削弱这个社会的整合程度。其一，会增加大量的社会离心因素。一个人对于社会是否采取一种积极的认同态度，在很大程度上取决于他对自身处境的满意程度，并且，这种满意程度的强弱对于其具体的动机及行为方式会产生直接的影响，特别是当他把自身所处不利处境主要归因于社会时更是如此。就一般情形而言，我们不能设想一个失去了工作、经济收入急剧下降的人能够对自身的处境有一个满意的评价，能够形成一种对社会的亲和力和利他行为。重要的是，一个失业者至少会影响到一个家庭对社会的态度。因此，一个存在着大量失业人员的社会，必定是存在着大量相互不信任、猜忌、怨恨，甚至是抵触、敌视的现象。这是社会不稳定的重要的潜在基础，随时都有可能直接转化为现实的社会动荡。其二，直接影响到社会治安问题。中国的学者通过调查发现，在目前的如盗窃、制假贩假、诈骗、抢劫等案件中，有较高比例的案主是没有工作的"无业人员"，其作案动机起初往往只是十分简单的基本生计问题。显然，大量失业人员的存在，会对社会公共安全构成直接的威胁。总之，严重的失业问题如果得不到妥善的解决，社会成员之间的有效合作难以形成，社会的整合程度将会下降，经济的持续发展也将难以保证。这些，进而会对社会的安全运行和健康发展造成十分不利的影响。

四十四、教育的问题不是一般的问题

教育事关基本民生状况能否得以改善，事关经济社会能否得以健康、持续的发展，也事关国家的竞争能力能否得到有效而迅速的提升。

笔者曾分别到东部沿海的一所大学和西部农村一个县的几所乡镇中学做过调研。这两个地方的具体情形给笔者留下十分深刻的印象。到东部沿海的这所高校，一进门，便看到多座豪华型的建筑物沿着海岸线鳞次栉比排列，郁郁葱葱的各种树林花草，配以蓝天阳光白云大海沙滩，美轮美奂，其校园景观几乎可以同香港科技大学相媲美。接着同该校文科教师进行座谈，发现这些教师的专业水准太低，同高中教师差不多，让人吃惊。国家投入这么多的资金，就建了学科水准很低的这么一所大学。与之形成鲜明对比的是，笔者到西部几所乡镇中学进行调研，发现教师收入过低，各种福利待遇很低，工作量却是过大，其神态萎靡不振，校舍破烂不堪，又是让人感慨不已。这两个地方学校的鲜明对比，难免让人产生一个疑虑，中国的教育是不是出现大问题了。

应当承认，改革开放以来，中国教育事业的改革发展取得了巨大成就：第一，高等教育实现了巨大的飞跃，特别是高等学校的毛入学率实现了巨大的飞跃，从20世纪80年代的5%左右一跃达到了2015年的40%，实现了高等教育的大众化。（《2015年全国教育事业发展统计公报》，教育部网站 2016 年 7 月 6 日）这是一个了不起的历史性跨越。第二，办学呈现出一种多样化的状态，特别是民办教育兴起并且粗具规模，以往完全由国家一手包办教育的局面初步改变。第三，教育的对外交流空间得到了巨大的拓展。教育在其他方面也取得了一系列的成就。这里就不一一列举了。

应当看到的是，教育事业在取得了巨大成就的同时，也出现了许多问题甚至是严重的问题。这突出表现在以下五个方面：

第一，义务教育发展相对滞后。本来，教育特别是义务教育应当得到超前的发展。但是，不能否认的是，同经济发展相比，与高等教育发展相比，中国的义务教育发展相对滞后，广大农村地区的义务教育没有得到应有的发展，西部农村地区的义务教育更是明显滞后。暂且不说农村中有关义务教育普及率统计的水份有多大，至少就其质量而言很难看到明显的发展，数以千万计的农村"留守儿童"的教育质量更是让人担忧。义务教育相对滞后所造成的负面影响是广泛而深远的。一方面，使得整个民族的文化素质得不到相应的提升；另一方面，加重了贫困问题尤其是农村的贫困问题，加重了贫富差距，而且对未来中国社会的公正状况产生十分不利的负面影响。

第二，职业教育发展明显滑坡。由于缺乏长远的考虑以及对短期效益的过度热衷等种种原因，中国对于高级技工的培养一直没有给予应有的重视。一方面，中国高等学校的招生规模迅速扩大，1985—2002 年高等学校的招生人数增加了四倍以上，高等学校的教职工人数也增长了 40% 左右。另一方面，与之形成鲜明对照的却是职业教育发展的严重滞后：1985—2002 年间，技工学校的招生数只增长了一倍多一点；同一时期，技工学校的教职工人数不增反降，从 21.5 万人略降至 20.3 万人。职业教育发展的滞后，导致了工人阶层劳动技能总体水准的下降。现代社会当中的工人技能等级比例结构应是中级和高级工人占据 80% 以上，而在中国现阶段工人技能等级比例结构却正好颠倒过来。中级工以上的工人的比例只有 40% 左右，初级工的比例则高达 60% 左右。如果把来自农村的务工人员考虑进去的话，那么，中级工以上的工人的比例不到20%，初级工的比例则高达 80% 以上。这种现象所带来的，从国家的角度看，是中国经济竞争能力的严重下降，难以适应产业结构升级换代的现实需要，难以适应市场经济激烈竞争的局面尤其是难以适应中国加入"世贸组织"后的新局面；从个人的角度看，是生存竞争能力和职业发展能力的削弱。

第三，教育产业化错误导向的形成。教育特别是基础教育，就其主体而言，应当是公益事业，而不应当是以赢利为主的产业。从20 世纪 90 年代中期以后，由于人们对市场经济做了过于宽泛的理解，致使教育领域也出现了一种产业化的有害导向。各个层面、各种类型的教育往往过分看重经济效益，将教育当成一种赢利的行当。教育不合理收费现象比比皆是，这既涉及基础教育，也波及高等教育。比如，大约在 1996 年前后就曾出现"高校要进入经济建设的主战场"的提法。另外，种种不合理的以收费赢利为目的的办班活动也以前所未有的势头大面积地兴起。教育产业化这样一种错误的导向，从基石的层面误导了教育事业的发展，危害极大，在不小的程度上损伤了教育事业的元气。这种导向，对教育界的公信力，对教师的敬业精神，对教学质量，对民生，都产生着十分不利的影响。

第四，大学合并缺乏慎重考虑。中国的大学如何才能得到长足的发展，这是许多人正在考虑的问题。就大学的发展来说，道路多种多样，其中的一条路就是对一些相关度比较高的大学进行必要的整合，进行合并。但是，过犹不及。一旦将一定范围内是合理、有效的事情推到整个高等教育界，便违背了教育的自然生长规律。大学应当在竞争中生长，主要是靠自身的力量、靠办学理念、靠办学风格、靠教学和学术质量来发展。人为的揠苗助长方式很可能会起到一种适得其反的作用，留下一系列十分负面的后遗症。比如，一些特色学科自主发展的受阻，校内各项负担的加重，校内人为矛盾的增多，外行领导内行现象的重现，学校元气的损伤，等等。根据笔者个人有限的接触，高校中几乎所有的教师以及负责人对此均持否定的态度，几乎没有人对此持积极肯定的态度。这种大干快上、缺乏慎重考虑的大学合并现象是世界高等教育史上的一个独特景观。如果成功的话，会在世界高等教育史上留下一笔；如果搞得不好，也会留下一笔。现在看来，不成功的可能性比较大。

第五，教育公共资源投向优先顺序的明显颠倒。教育事业当中的公共投入存在着一个优先顺序如何安排的问题。就此而言，教育领域的公共投入应当是以基础教育为优先，但在实际中却出现了一种反常的现象，即：国家对该包揽的事情比如说基础教育做得很不够，而对不该包揽的事情比如说对高等教育，却包揽得过多，进行了巨额的投入，两者十分不对称。西部农村地区许多小学教师的收入十分低下，一些农村小学每年的办公用费只有几百元。而与之形成鲜明对比的，却是国家对一些大学进行了巨额的、可以说是超豪华的投入。不能否认，对于大学进行必要的扶持是有道理的，但有个"度"的问题。一旦超过了必要的度，那么这些巨额投入就会呈现出一种边际效应递减的情形。像211工程、985工程的投入过于豪华，却难以起到应有的作用。比如南方一所重点高校一个人文学科的系，不算211工程得到的经费，只是从985工程那里就得到了3600万元的经费。有人算了一笔账，每年给这个系的科研经费无论是100万元还是几千万元，最后形成的成果几乎不会有什么差别。现在许多大学的硬件建设特别是建筑物上了一个很大的台阶，甚至比起许多发达国家的名校来说都不逊色，但是教学水准和质量却没有同时上一个台阶。现在各地投入数以千亿元的资金建设大学城；另外种种教育方面的形象工程正在持续不断地大量推出。类似的行为，不仅耗费国家巨大的财力，使公共教育的投入没有得到相应的成效，而且引发了大量的消极后果：比如，助长了强行圈地和强行拆迁的行为，引发了诸多的腐败行为，更为重要的是，助长了高校教学和科学研究活动中的兑水、浮夸甚至是造假等现象。

中国教育事业之所以会出现这些失误，大致地讲，起码有这样一些原因：一是民生理念的淡漠以及教育公共性意识的匮乏。二是计划经济体制的惯性意识仍然存在，长官意志、行政命令的做法仍在很大的程度上起作用。三是形象工程的潜意识和大干快上的浮躁情绪结合在一起。

如何判断教育事业改革发展的成功得失？这就涉及判断标准的问题。就此而言，应当有两个方面的标准。第一方面的标准是教育的公正性如何。这又具体包括：教育制度和政策是否公平，也就是说，是否平等地对待所有的社会成员；教育事业是否有助于改善民生的基本状况；教育事业是否有利于未来社会公正状况的改善。第二方面的标准是教育的效率性如何。具体包括：教育是否有效地提升了全民族的文化素质；教育是否有效地提升了民族竞争力；同教育本身以往的水准相比，教育的层次、教育的质量以及教育的开放度是否上了一个台阶；教育的投入是否得到了相应的社会效应和经济效益。

基于这两个方面的标准，我们可以得出结论：自 20 世纪 90 年代中期以来，中国教育事业的改革发展有得有失，其中，失大于得。虽然还不能说，中国教育事业的改革发展一定是失败的，但是可以明确地得出结论：自 20 世纪 90 年代中期以来，中国教育事业的改革发展就总体而言是不够成功的。

四十五、令人揪心的西部农村 初中教师生存状况

　　笔者于 2009 年 7 月曾对西部地区某县农村初中教师的基本生存状况进行了调查。调查方式主要采取个别访谈法以及集体（座谈会）访问法。该县有 75 万人口，经济状况在西部地区各县（市）区当中大致属于中等水准：2008 年，地方财政总收入 156461 万元，城镇居民人均可支配收入为 14015 元，农民人均纯收入为 3287 元。在西部地区当中，该县农村初中教师的基本生存状况具有一定的代表性。

　　本次调查显示，西部农村初中教师的基本生存状况十分艰难，令人揪心。与公务员基本生存状况相比，两者之间已经出现巨大的差距。西部地区农村初中教师的基本生存状况大致表现在以下几个方面：

　　第一，工资收入状况。

　　与公务员相比，同等级别的农村初中教师工资差距平均低 1500 元左右。一位乡镇初中教师说："我是中学一级教师，20 年的工龄，享受的待遇理应相当于正科级公务员，但我的工资比正科级公务员低 1800 元。我现在的工资单上应发 2200 元，实发工资为 2032 元。应发工资中包括住房公积金、医疗保障金、失业保险金。但正科级公务员能拿到 3800 元左右。"

第二，奖励状况。

政府对教师无任何奖惩资金。教育行政部门从教师自身的工资中扣除一部分，用于教师奖惩。公务员除工资外，一年一般都有2600元左右的奖金，这还不包括其他福利。据说，副科级公务员一年有3至5万的奖金，正科级公务员的奖金最低有6万元，好的能达到10万元左右。

第三，福利待遇状况。

教师和公务员的医疗保障和养老保障基本上是一样的。但公务员过年过节的时候发实物，发现金，但农村初中教师没有这些福利。最为重要的是住房问题。农村初中教师没有福利分房，住房问题都要靠自己解决。以某镇一所初中为例。这所学校有120多名教师，但仅有20多位教师有住房，而且这20多位教师中没有一位享受到政府的住房福利。100多位教师只能到外面租房。而公务员的住房由政府配套供给。不参与集资建房的公务员由政府提供一定面积的住房，也就是福利分房；或者直接提供住房（个人不交租金），但是没有产权。

对于农村初中教师来说，假期现在看来已经不算是福利了。教师在假期当中要参加各种培训（学历培训和继续教育培训），并且是由教师自己掏钱，而公务员则能报销培训费，包括住宿费、学费和差旅费等。一位乡镇初中教师说："我读了三年的专科，学费、书费花了8000—10000元，生活住宿花了10000元，加上其他开支，总共花了3万多元。我认识一位公务员，他和我读一样的专科，他每天仅伙食费就补助40元。"

第四，劳动强度状况。

老师大量时间都用在教学上，劳动强度非常大。比如某镇一所初中老师一天的正常作息时间表是：早晨6点30分起床；早自习45分钟；上午4节课；下午3节课；晚上从18点开始，又有4节课

（包括晚读 1 小时，晚自习 90 分钟，辅导 1 小时），一直到 22 点 30 分。晚自习结束之后还要照顾学生，等学生睡了之后已经是夜里 12 点，有的老师还得批改作业。在社会事业各个行业当中，农村初中教师的劳动强度当属前列。

第五，心理状况。

教师们普遍认为，农村初中老师的心理压力很大，进而导致了一些老师体罚或变相体罚学生的现象。造成老师心理压力过大的首要原因是对于教学质量的评价机制不公平，唯一的标准是学生的考试成绩，按照考试成绩给老师、学生排队。成绩差的老师会被调离，到偏远地方工作，还得扣工资。另外就是经济压力。待遇低使得老师很多事情没法办，如买房子、看病以及一些人情往来。

有老师认为，从整体上看，教师的素质有所下降。下降的原因，是很多学生不愿意报考师范类专业。以前教师的待遇好，社会地位高，很多比较优秀的学生报考师范专业，挤破头地往里钻。现在不行了，师范类专业只作为他们不得已的选择，其他专业都上不了了才选择师范类专业。

还有老师认为，现在有明确生活目标的教师并不多，大多数人是得过且过。教育部门规定，不允许教师从事第二职业，不能补课，不能从事家教。本来农村孩子经济不宽裕，也请不起家教。假期期间，大量老师参加培训，没有参加培训的许多老师整天打牌，打麻将，这其实就是空虚的表现。教师群体心态不平衡导致他们的敬业心不强，消极怠工，疲于应付。甚至有的教师互发短信，邀约集体罢课。

第六，代课教师状况。

现在全县还有 1000 多名代课教师，其基本生存处境更为艰难。由于很多学校没有老师上课，因而只能临时聘用一些高中毕业生或者中专毕业生，甚至是聘用初中、小学文化程度的人上课。他们每个月只有 170 元到 250 元的微薄收入，而当地下井的煤矿工人每月收入为 2000 元左右。这些老师包班，负责一个班的语文、数学等科目，每人每天 7 节课，一天到晚都在上课。教师们普遍认为，这些代课老师收入如此之低，之所以还愿意来当代课老师，首先是面子问题。代课老师都是当地有文化的人，觉得做老师还是比较体面的事，而且，他们觉得以后可能会有机会转为正式教师；另外一方面就是他们不愿做也做不了重体力活。如果没有代课教师，很多地方都将没有老师上课教书，也就没有了学校。有些代课老师一边上课，一边进修培训。

如今西部农村初中教师的基本生存状态之所以十分艰难，究其原因，显然不是财政能力问题，因为该县的财政收入一年有十几亿元，应当算是不错的财政状况，而且公务员的收入及其他待遇偏高，关键是在观念和具体政策上不重视教育事业，不重视教育事业的主体即教师。1993 年颁布、1994 年施行的《中华人民共和国教师法》第 25 条明确规定："教师的平均工资水平应当不低于或者高于国家公务员的平均工资水平，并逐步提高。"可见，目前西部农村初中教师的收入及待遇远远低于公务员的基本事实，严重违背了《教师法》中的相关规定。

艰难的基本生存状态，必然会影响到西部农村初中教师的尊严和社会地位，影响到其敬业精神，影响到其教学质量，进而必然会降低广大农村区域中义务教育的质量，妨碍科教兴国战略的实施；同时，还会人为加重贫富差距等一系列的社会不公现象。这一切说明，"尊师重教"不应停留在口头上，而应落实到实际当中。而在种种改善农村教师的措施当中，提高其以收入为主要内容的基本生活待遇是最为重要和直接的事情。

四十六、三个经济因素会直接加重社会矛盾冲突

从根本上讲，社会矛盾冲突的基本根源在于社会群体之间利益诉求的不一致，在于社会不公。此外，还有一点需要人们注意的是，中国及很多国家的历史与现实说明，有三个经济因素会直接加重社会矛盾冲突，容易催生社会骚乱。这三个经济因素分别是：持续增高的通货膨胀；日益严重的失业率；不断加重的税收。换言之，这三个经济因素对于社会矛盾冲突来说，往往具有"导火索"的效应。

第一，持续增高的通货膨胀。

持续增高的通货膨胀，不仅会扭曲市场价格体系，破坏经济发展的基本秩序和进程，而且会产生日益严重的社会负面效应，加重社会矛盾冲突。这主要表现在：

其一，会加重所有人的生活成本，损害民众的日常生活。通货膨胀的大幅上涨直接涉及民众日常生活基本物品的供给。如基本食品价格的大幅度上涨，意味着大比例社会成员的实际购买力会严重下降，其基本生活状态会受到严重威胁。如果说，持续增高的通货膨胀对所有群体都不利的话，那么对低收入群体最为不利。对高收入群体而言，持续增高的通货膨胀会造成其大量金融资产迅速缩水；而对于低收入群体来说，持续增高的通货膨胀则会造成更加严

重的后果，会直接危及其基本生存问题。低收入者的收入水准本来就只是刚好温饱。在这样的情况下，持续增高的通货膨胀现象一旦出现，就意味着低收入者可能连基本生存都要受影响。

其二，会引发民众的普遍恐慌心理。通货膨胀的持续增高，往往会造成人心惶惶、焦虑不安的情势，甚至会造成一部分社会成员的绝望。相应地，民众的不满情绪会迅速而且是大面积的积累，进而人心思变。国民党政府在大陆的最后几年，金融政策连续失误，造成通货膨胀以难以想象的速度飞涨，使民众特别是城市居民的日常生活陷入苦难状态，进而造成人心尽失的局面。

中国社会目前是金字塔型社会结构，中低收入者以及低收入者人数两者相加比例为 70% 左右，中等收入者比例为 20% 多一点；同时，社会保障制度不够健全，因而中国对持续增高的通货膨胀的承受力相对更弱。通货膨胀问题已经成为影响中国民众现实生活和未来生活预期的一个比较严重的问题。此外，还有一点需要引起人们的特别注意，这就是近年来中国房价急速攀升，其上涨速度要远远超过社会成员收入的增长速度。住房消费在社会成员各种消费项目的支出当中，所占的比重恐怕是最大的。按照现在的市场价格，对于许多社会成员来说，多年的收入恐怕连一套基本的住宅都买不起。而按照国际惯例，住房价格不计入通货膨胀的统计之列。问题在于，住房却是每位社会成员生活所必需。这样看来，同公开披露的通货膨胀数据相比，中国实际的通货膨胀情况要严重得多。

第二，日益严重的失业率。

无疑，就业是民生之本。就业对于绝大多数社会成员来说至关重要。就业所得是绝大多数社会成员和家庭基本生计得以维系的主要收入来源，是社会成员进入正常的社会生活环境所不可缺少的必要条件，也是保证社会成员子女正常成长的必要条件。

正因为就业如此之重要，因而日益严重的失业率所造成的负面影响是巨大的。其一，日益严重的失业率必然会使大量社会成员及其家庭由于缺少主要收入来源而陷入窘迫的生活困境，进而对未来前景失去信心。其二，社会成员如若长期处于失业状态，其尊严难免受到损害，产生一种被社会遗弃的心理，进而会产生同社会隔膜甚至是敌对的态度。其三，一些社会成员如果长期没有事情做，容易无所事事，在社会上生事滋事。

一个社会，如果存在着过多的失业人员，那么，公众的不满情绪会迅速而且是大面积地积累，进而会严重影响到社会的安全状况。从历史上看，中国古代历史上农民暴动的一个重要催生因素便是大量失地农民（流民）的存在。从现在各个国家看，一个国家的失业率一旦失控而出现大幅度上升的情形，往往会成为这个国家社会骚乱甚至是社会动荡的直接导火索。

此外，还应当特别重视青年失业率问题。青年对未来的期望值相对更高，而且精力充沛，联系面广泛，又由于熟知网络操作因而聚合能力相对更强。所以，青年一旦出现大量的失业现象，进而失去生活前景，天天无所事事，其后果恐怕要更危险更严重。2011 年的"茉莉花革命"，不但同高失业率相关，更是同相关国家较高的青年失业率高度相关。2005—2008 年，突尼斯的失业率为 14.2%、青年失业率高达 30% 左右。（世界银行：《2010 年世界发展指标》，中国财政经济出版社 2010 年版，第 100 页）2011 年"伦敦之夏"之社会骚乱，其直接起因，也存在类似的情形。

中国的现实情况是，中国是世界上人口数量最大的国家，实现充分就业的压力极大。在未来的 10—15 年中，中国城乡劳动力供大于求的基本态势将持续存在。另外，现在中国每年有 700 多万新的高校毕业生需要就业，其中的一部分因找不到工作而失业。同以往相比很不相同的是，如今未能就业的高校毕业生在校学习期间往往是投入了大量的经济成本，所以，这些人一旦失业，那么就很有可能对社会产生一种更加不满的情绪，由其所引发的可能的负面影响将是比较大的。另外，值得注意的是，一旦经济出现波动甚至是下滑的情形，那么，较高的失业率所引发的一系列社会矛盾冲突将会更加凸显，其"导火索"效应将会更加放大。

第三，不断加重的税收。

不断加重的税收，也会成为引发社会矛盾冲突的导火索。但这一点有时容易被人们忽视。

不断加重的税收，且不说会减弱内需拉动，压抑经济活力，而且会直接引发社会矛盾冲突，在经济滑坡时期，这种情形更加明显。其一，不断加重的税收，几乎会损害所有社会群体的经济利益。不断加重的税收不仅会降低大众群体的基本生活水准，使其本来就已艰难的生活境况雪上加霜；并且，对经济精英群体利益的损害相对更大，因为经济精英群体往往是纳税大户，经济滑坡时期政府更是容易将收税的重点放在这批人身上，甚至会增加其税收额度。其二，不断加重的税收容易使人们丧失对公共权力的信任，政府甚至更加容易成为民众抗争的明确标靶。同税收直接相关的群体很明确，一方是政府，另一方是民众。所以，民众很容易将自己在税收方面的利益损失直接归因于政府，并据此对政府产生不满甚至是严重不满的心理。

有时一个国家在经济滑坡时，容易出现一种两难现象。一方面，经济越是滑坡，政府财政就会越吃紧，就越想增加税收；另一方面，越是在经济滑坡的时候，原本基本生活已成问题的民众就越想少交税或不交税，于是，政府和民众在税收问题上就会愈加对立起来。

历史上大量典型事例都说明，不断加重的税收容易催生和激化社会矛盾冲突。无论是中国历史上的大多数农民暴动，还是17世纪的英国光荣革命、18世纪美国的独立战争以及法国大革命，其直接的导火索往往就是不断加重的税收。其中，法国大革命最为典型。当时，国王路易十六连年征战，军费开支巨大，债台高筑，1789年时债务已达45亿锂，而当时年收入预算只有5亿锂。（[法]马迪厄：《法国革命史》，杨人楩译，商务印书馆2011年版，第23、24页）为了弥补国库的巨大亏空，路易十六出台了一项向包括"第一等级"群体亦即特权群体在内的所有群体征税的政策，其结果是，引发几乎所有群体的不满，从而引爆了法国大革命。

中国目前的税负水平明显偏高，应当引起我们的高度警惕。

特别是，持续增高的通货膨胀、日益严重的失业率以及不断加重的税收这三个经济因素如果交织在一起，其导火索叠加效应会更明显，所造成的后果会更严重。

在中国现阶段，为了防范严重的社会矛盾冲突，必须实时监测上述三个经济因素的变化，并采取有效对策积极化解或缓解这三个因素。就此而言，应特别注意：一是，应高度重视粮食的战略储备。粮食是一个民族最为基础性的生命线。平时这一问题很有可能被人们忽视，但一旦到了关键的时候，粮食的重要性就往往会迅速凸显出来。至于粮食的战略储备，特别要注重解决好粮食实物的战略储备和粮食耕地面积的保护这样两个问题。二是，应当高度重视黄金的战略储备问题。可以说，国家拥有雄厚的黄金储备，是有效应对国内外金融危机、国内物价上涨等社会危机的最为有效的手段之一。三是，应想方设法实现充分就业，将失业率保持在一个合理的限度当中。就实现充分就业而言，中国应当大力推动服务业的发展，鼓励各种形式的自主创业，建立完整的失业保险体系。

四十七、注重社会政策力度和精准度的统一

为了改变社会建设滞后于经济建设的弊端，自 21 世纪之初开始，中国开始重视社会政策的实施。这就给人们提出一个问题，如何有效地实施社会政策。

判断社会政策是否具有有效性，一是要看其力度如何，二是要看其精准度如何。人们有时容易重视社会政策的力度问题，而对社会政策的精准度问题则不够重视。实际上，社会政策的精确度问题是一件至关重要的事情。在社会政策投入量一定的条件下，一旦精准度方面做得不够，那么，社会政策的实施效果就会深受影响，会出现事倍功半的现象，而且还会影响到社会政策未来进一步发展和完善的空间。显然，随着社会政策建设力度的逐渐增大，人们应当开始重视社会政策建设的精准度问题，注重社会政策力度和精准度的统一。

就社会政策精准度的把握而言，应当特别注意以下几个问题：

第一，对于社会政策的公共资金投入结构是否合理。

社会政策的主要目的就是要解决基本民生问题。这样看来，社会政策方面的公共投入必须以改善民生为基本的目标取向，其结构安排应当以基本民生问题为优先。

第二，对于社会政策体系建设的历史定位是否合理。

对于社会政策体系的建设必须予以一个恰当合理的历史定位。

这样，既有助于使社会政策体系具有切实可行的意义，也有助于防止人们对社会政策体系产生过高的、力不胜任的期望值。

从历史定位的角度看，现在我们应当着手建立一个"中初级的"社会政策体系，而不是"高级的"社会政策体系。一方面，经过30多年的改革开放，中国已经具备了不小的经济实力；另一方面，中国还不是一个发达的国家甚至还算不上是一个比较发达的国家，同时中国在社会政策方面的历史欠账过大，特定的国情条件决定了在中国建立一个高级的社会政策体系是一件力不胜任的事情，必须量力而行。这样两方面的原因，决定了在中国现阶段应当开始建立一个中初级的社会政策体系是切实可行的。

第三，对于社会政策体系建设突破口的选择是否合理。

社会政策是一个内容十分丰富、涉及面十分广泛的领域。中国在近期内不可能全方位地建立起社会政策体系。所以，选择一个什么样的突破口十分重要。就此而言，应当选择那些其本身就是社会政策当中十分重要的核心内容，同时具有较强的相关性，对于其他方面的社会政策建设能够起着基础性的、有效的带动作用的社会政策作为突破口。具体之，在中国现阶段，宜选择社会保障制度和劳资政策这样两项重要内容作为社会政策体系建设的突破口。

以社会保障制度和劳资政策作为社会政策体系建设的突破口，一是可以初步确立起社会政策体系当中的核心内容，二是可以初步理顺最为基本的一项社会关系亦即劳资关系。其一，社会保障制度是社会政策体系当中的重中之重。社会保障制度在社会政策体系当中具有核心的、基础性的位置，而且，也是事关大多数社会成员的基本生存底线问题，因而理应作为社会政策建设的重要突破口。其二，劳资关系是现代社会当中最为基本的社会关系之一；同理，劳动政策是最为基本的社会政策之一。从时间维度上看，劳资关系同现代化进程和市场经济进程相伴始终；从空间维度上看，劳资关系涵盖了绝大部分的社会经济领域，而且，随着工业化、城市化进程的迅速推进，农民的数量必然会越来越小，劳动者（雇员）的数量必然会越来越大。以协调公正合理的劳资关系为己任的劳动政策，对于一个国家的社会经济发展全局具有至关重要的影响。正因为如此，所以应当将劳资政策作为中国近期社会政策建设的另一个重要突破口。

美国的经验值得借鉴。1929 年至 1933 年，美国遇到了前所未有的经济危机。作为有效应对这一严重经济危机的罗斯福新政，其中就有大量社会政策方面的内容，特别是社会保障政策和劳资政策方面的内容十分引人瞩目。1935 年，美国通过了《社会保障法》，确立了美国现代社会保障制度。1935 年、1938 年，美国分别通过了《全国劳工关系法案》和《公平劳动标准法》，初步理顺了美国现代社会和市场经济条件下的劳资关系。20 世纪 30 年代，美国在社会保障政策和劳资政策方面的举措，为美国以后社会政策体系的长足发展打下了比较牢固的基础。

总而言之，在社会政策建设具有一定力度的前提下，中国只要对于社会政策的公共资金投入结构是合理的，只要对于社会政策体系建设的历史定位是合理的，只要对于社会政策体系建设突破口的选择是合理的，那么，就能提高社会政策建设的精准度，实现社会政策体系建设的力度和精准度的统一，从而使社会政策的建设出台一项，成活一项，有效一项，并为以后社会政策的发展打下扎实的基础并留下足够的空间。

四十八、民众期望值的合理边界

所谓民众期望值，主要是指民众一种比较普遍的心理期待，民众在某种情形下比较普遍地希望某种事情的发生，比较普遍地希望某种目标的实现。

民众期望值实际上是民众基于特定历史和现实环境而形成的某种普遍且重要的目标，事关民众的希望和可能的未来前景。民众期望值本身如若恰当合理，而且又能够得到恰当合理满足的话，则会形成有效的社会整合力量，有助于社会安全运行局面的形成，并且会形成一种有效的动力，助推社会的健康发展。同时还需要注意的是，并非所有的民众期望值都是恰当合理的。在一定的历史条件下，民众期望值会呈现出某种程度不同的不恰当不合理的情状。重要的是，民众期望值如若超出恰当合理的边界，则不仅不可能得到必要的满足，而且会形成一种负面的力量，损害或是扭曲社会的安全运行和健康发展。进一步看，民众期望值如若严重越出恰当合理的边界，同时又是十分强烈，则会形成严重的社会负面效应。

大致地看，民众期望值恰当合理的边界主要表现在以下几个方面：

第一，民众期望值不能脱离社会经济的实际发展状况。

民众期望值固然是产生于一定的经济基础之上，问题在于，正如同其他精神因素一样，民众期望值也有着一定的相对独立性。在同样水准的经济基础之上，民众期望值可以包括某些不尽相同的"应然"或是"理想"的成分。而这些"应然"或是"理想"的成分却会成为民众某种真实的追求目标，于是就造成了问题的复杂性：一方面，民众期望值的实现必须基于这个社会发展的实际状况。就总体状况来说，一个社会的经济基础、财政能力状况的如何是民众期望值能否得以满足的基础物质条件，制度基础的如何则决定着民众期望值的形成是否拥有起码的制度支撑。一旦缺少这样一些基础条件，民众期望值必将成为无源之水无本之木而不可能得以实现。另一方面，民众期望值有时却会脱离一个社会发展的实际状况而真实地存在着。

这种复杂情形便造成如是情状，即：一个社会当中民众的某种期望值虽然由于脱离时代的实际发展水准，缺乏必要的基础而无法得以实现，成为一种不恰当合理的民众期望值，但是却由于拥有着"民意"基础而真实地存在着，于是，这种民众期望值就不可避免地造成一定的社会负面效应。而且，一个社会的实际发展水准与民众期望值两者之间的差距越大，不恰当合理的民众期望值所带来的社会负面效应就越大。

第二，民众期望值应当呈逐渐增长的情状。

民众期望值并非恒定不变的现象。作为现实状况的反映和未来前景的期望，民众期望值理应随着社会经济的发展而不断提升。民众期望值如若长期没有变化，很有可能是这个社会的发展出现了停滞的情形，或者是这个社会本身可能长期存在着某种压抑民众需求的严重问题。由于社会经济的发展是一个逐渐的过程，只能以相对较低的、却是"正常"的增长指数这样一个幅度而逐渐发展，在一个相对较短的时间当中不可能出现爆发性增长的情形，因而就正常情形而言，民众期望值的提升理应也是一个随着社会的逐渐发展而逐渐提升的过程。

但问题在于，在某种特定的历史条件下，受种种因素的影响，民众期望值有时却是以相对较大的增长幅度提升，希望能够获得更多的发展成果，尽快享受到更高水准更多数量的福利。换言之，在某个特殊的条件下，民众期望值甚至会以某种爆发式指数性增长的幅度进行扩张。无论哪个国家和地区的人群，都存在着人性当中共同的潜在弱点，这就是希望自身利益迅速最大化，而且这种最大化的利益最好是轻松地得到。这种共同弱点，是民众期望值容易迅速高企的重要原因。特别是在一个社会的转型期，这种情形更是相对比较明显。比如，在中国急剧转型期，对外开放使得发达国家高水准的物质生活对国人产生了种种示范效应，国内一部分先富起来的社会成员的生活状态也对其他群体成员的生活期望值产生了多种"诱惑"效应，社会各个群体相互间的期望值也往往处在一种相互感染、相互催生的状态当中；同时，整个社会利益结构的大幅度调整，使得社会风险因素以及不确定性因素日益增多。凡此种种，使得社会焦虑、社会浮躁现象迅速弥漫，进而大幅度大面积地提升了民众期望值。

第三，民众期望值的满足必须建立在普遍的自致性努力的基础之上。

与传统社会迥异，在现代社会和市场经济条件下，社会成员主要是通过自治性的因素如个人成就、自身努力、职业技能、教育程度等因素，而不是主要依靠先赋性的因素如出身、种族、性别等，方能获得应有的社会位置。由于自治性努力是现代社会当中大多数社会成员普遍认可的行为取向，因而，在常态或"正常"情形下，大多数社会成员在自治性努力的过程中所形成的期望均值，便构成了民众期望值。

建立在社会成员普遍自致性努力基础之上的民众期望值是一个社会安全运行和健康发展的必要条件。由于自致性努力者必须基于现实状况进行选择和努力，必须偏于理性，方能如愿，因而，就总体而言，在这种情形下形成的民众期望值相对真实踏实，很难虚化膨胀。显然，这样的民众期望值同可预期的社会发展目标两者之间是吻合的，能够产生广泛而持续的社会需求，进而能够有效推动社会财富的不断积累和社会的持续发展。

需要注意的是，受种种历史及现实因素的影响，民众期望值与自致性努力两者有时也会出现脱节的情形。其中，比较典型的是平均主义现象。平均主义者试图通过当然的人均一份的方式来获取人人相似的社会位置。无疑，平均主义是一种不公正的先赋性现象，其本质是不劳而获，坐享其成。它所反对的，是社会成员通过自致性努力获取合理差异化的社会位置。显然，基于平均主义，必然会形成另一种形式的剥夺行为，即：不劳动或劳动不努力的社会成员对劳动或努力劳动的社会成员的劳动成果进行剥夺。这种做法势必会引发种种社会矛盾，并严重损害一个社会的发展活力。

第四，满足民众期望值的重点应放在民众基础需求的层面。

民众期望值的内容包括多个方面，千差万别：既有物质层面需求和精神层面需求之分，有相对较高层面内容和基础层面内容之分，有长远目标内容和短期目标内容之分，也有轻重缓急之分。显然，在一个具体的历史阶段当中，经济水准和制度水平都是相对有限的，任何一个社会对于民众期望值的所有内容都不可能全方位地予以满足解决。

有鉴于此，在民众期望值各种内容当中，应当选择一个恰当合理层面的内容予以重点满足和解决，以期将满足民众期望值的积极边际效应最大化。就此而言，有必要将恰当合理的民众期望值定位于民众普遍关注的基础需求层面的内容，而并非相对较高需求层面的内容。换言之，恰当合理的民众期望值重点应放在"雪中送炭"的需求层面，而不是"锦上添花"的需求层面。原因很简单。只有从基础需求层面着手，方能真正解决每个时代民众所面临的真正迫切的需求问题，而且能够为民众其他层面期望值的满足打下一个扎实的基础。再者，从操作意义上看，这种做法具有现实可行性。比如，在中国现阶段，民众期望值尽管涉及方方面面的事情，但其中最为重要和基础的内容无疑是基本民生方面的需求。从大概率的角度看，如能将基本民生问题解决好，中国社会的安全运行和健康发展就能够得到保障，进而为其他方面恰当合理的民众期望值的实现打下一个必不可少的基础。

由上可见，民众期望值自身有着恰当合理的严格边界。一旦明显越过自身的合理边界，民众期望值不仅会成为一件实现不了的事情，而且会形成程度不同的负面效应，损害社会的安全运行和健康发展。

民众普遍过高的期望值如果实现不了，就会引发普遍的失望，造成涉面广泛的挫折感；而且，期望值越高，挫折感就会越强。如果这种挫折感同一部分社会成员的基本生计或基本发展机会的匮乏联系在一起，那么，就很有可能使这部分社会成员的挫折感转化成一种绝望感。有着挫折感和绝望感的社会成员进而就会将之归因于政府或是其他相关的群体，于是，对政府或其他群体的不满就会转换为形形色色的社会排斥及社会矛盾冲突。尤其值得注意的是，过高的期望值有时还会催生某种极端的精神因素。而作为过高期望值结果的极端精神因素反过来又会同作为原因的过高期望值两者互感互诱，相互加重，催生某种普遍的社会戾气，造成某种极化的群体思维和极化的群体行为。正如庞勒在其名著《乌合之众》当中所指出的那样，身处极化心理状态当中的社会成员，往往是"冲动、急躁、缺乏理性、没有判断力和批判精神"。这样一来，社会矛盾冲突势必会更加严重，直接损害社会的安全运行和健康发展。这种情形在社会急剧转型时期更加明显，18世纪末的法国大革命便是典型的事例。

正因为民众期望值如此之重要，所以，我们必须解决好这一问题。就此而言，要特别注意做好两方面的事情。一方面，应当持续、梯度、稳步地改善民生。民生问题是民众期望值当中最为基础性的内容。民生问题解决得好坏，会直接影响到民众期望值总体上的合理与否。改善民生的关键在于，基于经济发展的实际状况，遵循改善民生问题宜多用加法慎用减法的特有规律，采用小步幅却是持续推进的路径推动民生的改善。另一方面，应当以法治精神妥善解决民众期望值问题。法治精神的要义在于，在解决各个群体利益诉求时，必须一碗水端平，以维护每个社会成员的合理利益为基本立足点。我们固然不能以少数人的不合理利益来损害多数人的合理利益，但同样应当注意的是，也不能以大多数人的不合理利益为借口来损害少数人的合理利益。否则，从长远看，大多数人合理利益的保护也会面临着不确定的前景，因为大多数人当中的任何一个人在某个特定条件下都有可能成为少数人一方的成员。

四十九、"顺应民意"与"顺应时代潮流"两者缺一不可

在现代社会和市场经济条件下，一种重要的政策体系，必须同时做到两个方面的"顺应"，亦即：既顺应民意，能够得到大多数社会成员的认同，同时又顺应时代潮流，能够顺应生产力发展的趋势，方具有生命力，方具有可持续性，方能具有长远的积极社会效应。不过，人们并不是在任何时候都能做到这一点。并非罕见的一种现象是，人们对于某种重要政策体系有时只是强调其中的一个"顺应"，致使"民意"与"时代潮流"两者有时出现某种脱离的现象，进而使得该项政策体系出现某种偏颇的情形。

所谓顺应民意，是指必须遵循人民性的根本原则，本着让全体人民共享社会发展成果的宗旨，来制定相应的重要政策体系。正如邓小平多次强调的那样，"人民答应不答应""人民高兴不高兴""人民满意不满意"是判断我们一切政策成效如何的基本标准。而所谓顺应时代潮流，则是指在制定重要政策体系时，必须遵循有利于发展生产力，有利于融入世界发展潮流的原则。邓小平指出，"我们当前以及今后相当长一个历史时期的主要任务是什么？一句话，就是搞现代化建设"（《邓小平文选》第二卷，第162页）。

从本质看，顺应民意与顺应时代潮流两者是一致的，而且是相辅相成缺一不可。首先，只有制定顺应时代潮流的重要政策体系，

亦即有助于大力发展生产力、推进改革开放、积极融入世界发展潮流的重要政策体系，方能为共享社会发展成果提供最为基础性的物质条件，方能满足民众日益增长的物质和文化需求。其次，只有制定并实施顺应民意的重要政策体系，亦即通过为民众提供公共服务产品、维护民众的基本权利等有效政策的制定和实施，不断满足民众日益增长的物质和文化需求，方能使广大民众积极认同发展认同改革，使民众成为推动改革发展持续进行的主体力量。

　　虽然顺应民意与顺应时代潮流两者本质上是一致的，但是值得注意的是，有时在一定条件下，人们在制定某种重要政策体系时，两者却会出现某种程度分离的情形。一方面，有时人们在制定政策体系时过于强调民意问题，将之放到一个不恰当的位置，却脱离了时代潮流及经济发展的实际状况。中国计划经济时代的平均主义政策体系，从某种意义上看，在当时是顺应大量社会成员的要求，但是却不顺应时代潮流，是一种典型的违背按照贡献进行分配原则的政策体系。它的实施，必定阻碍生产力的发展，窒息社会活力。一些发达国家，同样也存在广为大批民众欢迎的高福利政策体系。这种高福利政策体系往往超出了一个国家财政实际负担能力，降低社会在生产方面的投入，降低社会成员的工作积极性，阻碍这些国家的可持续发展。另一方面，有时人们在制定重要制度政策体系时，脱离广大民众的基本需求如基本民生需求，过于追求不切实际的经济目标。在中国的"大跃进"时期，人们不注重制定顺应民意的民生政策，却制定出完全力不胜任的"赶英超美"的政策体系，其结果是，不仅民生没有得到应有的改善，就是经济也出现严重滑坡。即便现在，这种现象也屡见不鲜。比如，有的地方政府忽略民意问题，热衷于追求GDP，甚至将之视为"唯一"，从而延误了民生的改善，并使经济发展缺少可持续性。

　　重要政策体系之所以有时会出现"顺应民意"和"顺应时代潮

流"两者分离的情形，一个重要原因在于，人们维护和增进自身切身利益的意识根深蒂固，而且，为了增进自身的利益，有时会辅之以非理性的行为方式。特别是在社会转型利益结构调整的时期，这种状况有时更加明显。还有一个原因，是认识方面的问题。有时人们过分夸大了经济的作用，认为只要经济得到发展，其他一切方面的事情包括民生问题就会自然而然地随之发展而得以解决。实际上，这种观点的思路是，只要是顺应时代潮流的事情，同时也就是顺应民意的事情。不消说，这是一种过于简单的线性思维方式。

在"顺应民意"和"顺应时代潮流"两者分离的基础上所制定的重要政策体系，对社会发展必定会产生广泛的消极影响，有时甚至会造成严重的后果。

第一，削弱或窒息发展活力。如果只是基于民意而轻视时代潮流所制定的重要政策体系，就必然会流入平均主义或片面高福利政策的陷阱。这也是一种社会不公现象。如果人们付出的多少，同自己具体收入的相关性不大的话，那么其结果必然是人们工作热情的降低。进一步看，整个社会的发展活力和创造力必然会随之削弱。如果只是基于强调顺应时代潮流、强调顺应经济发展所制定的重要政策体系，就必然会由于长期忽略民生的改善，使得民众无法积极投身于社会发展进程，进而使得发展进程缺少一种主体化的推动力量。不仅如此，而且还会使得经济发展本身缺少一种必不可少的消费内需拉动力量。

第二，催生社会矛盾。长期忽略"顺应民意"的重要政策体系，必定会加重贫富差距，助推"丛林法则"的盛行，使社会各个群体之间产生各种隔阂和排斥，阻碍广泛共识的形成，进而催生或加重社会矛盾。如果只是基于注重民意的满足却忽略时代潮流而制定的重要政策体系，随着时间的推移，其抑制社会活力的弊端会积重难返。当各种弊端积累到一定地步时，人们再试图予以强行矫正的话，同样也会引发社会矛盾冲突。这方面，西欧和北欧一些国家已有前车可鉴。

第三，造成"有增长无发展"的畸形化发展现象。发展应当是以人为本的整体化发展，应当是经济、社会、政治、文化以及生态环境之间的协调发展。就此而言，经济是手段性的东西，是实现以人为本的基本宗旨的基本途径，是促进人类社会整体化发展的基础。但是，在忽略"顺应民意"的发展政策体系影响下，发展却往往会演变成一种见物不见人的、有增长无发展的现象，致使大量社会成员并没有从发展中得到应有的益处。比如，一些地方力推城市化的大跃进，其结果却往往只是圈地的城市化，交通设施的城市化，楼房建设的城市化，而恰恰不是人的城市化，不是农民的市民化。类似的做法，不仅使发展失去了原本的意义，而且由于投入量巨大甚至是透支严重，因而还使发展失去了可持续性。

第四，损害政府的公信力。在现代社会和市场经济条件下，政府基本职责的定位应当是公共服务型政府，其主要任务应是基于社会公正的准则，为民众提供必需、有效的公共服务产品。在这样的情形下，重要政策体系的制定如果忽略"顺应民意"的基本要求，那么，对政府来说，是履职不到位，甚至是失职。长此以往，政府便会丧失起码的公信力。再者，除了公共服务职责之外，政府对整个国家的长远发展以及经济的安全也负有重责。而一个政府所制定的重要政策体系，如果不能对未来发展趋势进行有效的把握，不能有效地应对经济风险，那么其公信力也会受到损害。重要的是，政府公信力的降低，会给一个社会的健康发展和安全运行带来许多有害的不确定影响。

由上可见，重要的政策体系只有同时做到了两个"顺应"，亦即：既"顺应民意"同时又"顺应时代潮流"，方能既有效地得到广大民众的广泛认同，同时又能够符合历史发展趋势而有效地推动社会发展。切不可仅仅将其中的一方面内容作为制定重要政策体系的基本依据，否则便会导致政策体系的重大偏差和失误。由此，进一步看，应当同时将"顺应民意"和"顺应时代潮流"这样两项内容，作为判断重要政策体系是否科学合理的基本标准。

五十、以人为本的三层含义缺一不可

现在，人们越来越形成一种共识：发展应当是以人为本的发展。以人为本的发展理念在中国社会当中越来越深入人心，并对中国现代化进程的健康推进产生越来越重要的积极影响。不过，应当看到的是，以人为本的理念实际上有三层含义。对于其中任何一项含义的忽视，均会对社会经济的发展产生不利的误导效应，从而不利于和谐社会的构建。

以人为本的第一层含义是，发展应当是以人为本的发展，而不应当是以物或以经济为本的发展。

不能否认的是，长期以来中国十分热衷于追求高速度的发展，而且主要是在追求经济的高速度增长。人们往往把发展问题归于一个经济发展的速度问题，进而又将衡量发展成功与否的尺度也归于一个经济发展的高速度问题，亦即 GDP 的高增长率。人们简单地以为，经济增长是社会进步的自然推动力，只要把经济搞好，其他方面就会自然而然地得到进步。换句话讲，要想使整个社会尽快改变面貌，就必须追求高速度的经济增长。在这种观念的影响之下，这些年来中国经济一直保持着一种高速增长的态势。有时，即便是客观的现实迫使经济发展的速度降了下来，但人们对于经济高增长的情结依然是根深蒂固。其结果是，高速的经济增长虽然带来了高速的财富积累，但同时也带来了许多的负面效应，比如，造成了人类生活所必须依赖的生态环境的明显破坏。发展的现实情况提醒人们：只有以人为本位的发展方是正确与合理的发展。只有以人为本位，方可解决发展的最终目的这一根本性的问题。发展的最终目的在于满足人们各种层次的需要。就此而言，追求发达的经济只是手段性的东西。经济是为人服务的，不能只是见物不见人。

需要特别指出的是，以人为本位的发展并不意味着要否定经济问题的重要性，其要旨在于消除经济发展的被动自发性，确立起人对经济的主体性地位，使经济的发展更富有合理性、更具有效应性，使经济更能为人所用、更有利于基本民生状况的改善，进而使整个发展过程正常展开。

以人为本的第二层含义是，发展应当是以绝大多数人为本的发展，而不应当是以少数人为本的发展。

社会发展的成果对于绝大多数社会成员来说应当具有共享的性质。社会成员共享社会发展的成果，既是现代社会文明的标志，也是现代化进程中的客观需要。当一个社会尚不具备必要的条件，这时如果强调"人人共享"的事情，那就说明这个社会的"大脑"出现了诸如过于理想化甚至是幻觉化的问题。相反，如果一个社会具备了或部分具备了必要的条件，并且有着这一方面的要求却不将共享问题予以实施或部分地予以实施，那就说明这个社会的运行机制出现了问题。

我们在改革与发展中，要考虑广大人民群众的承受力，这是毫无疑问的。现代化建设固然需要社会成员付出一定的代价，但是这种代价不应超过一定的限度。人们在考虑改革发展时，有时容易走入一个误区，也就是过多地考虑社会成员的承受力。这种做法是很不全面的，过于功利化，立足点有问题。在某个特殊的时期，这种立足点还有一定的策略意义，但无论如何不应当长久。我们应当想方设法地多考虑如何使社会成员普遍受益、共同享受社会发展成果的问题。不能将社会成员视为被动之物，不能总是立足于让社会成员承受些什么，而是应当立足于让民众不断地获得些什么。

只有坚持以绝大多数人为本的发展，才能使人民群众积极地认同改革、认同发展，才能使改革和发展成为中国社会各个阶层的共同事业，才能为构建和谐社会奠定坚实而广泛的社会共识，从而实现社会的安全运行和健康发展；才能最大限度地扩大消费内需，才能最大限度地开发以人力资源、智力资源为主要内容的社会资源，从而为发展提供一种持久有效的推动力量。

以人为本的第三层含义是，发展应当是以无数个具有平等权利的个体人为本的发展。

社会发展不仅仅应当是以大多数人为本位的发展，而且，社会发展应当是以无数个具有平等权利的个体人（公民）为本位的发展。以人为本只有落实到个体人那里，才具有真实的意义。也正是出于这样的原因，《中华人民共和国宪法》作出明确规定："国家尊重与保障人权。"

在现代社会，社会是由无数个具有平等权利的个体人所构成的。一个社会如果漠视个体人的基本权利，那么就不可能做到以人为本。个体人对于社会整体来说，具有前提性的意义。"对于各个个人来说，出发点总是他们自己，当然是在一定历史条件和关系中的个人，而不是思想家们所理解的'纯粹的'个人。"（《马克思恩格斯全集》第3卷，人民出版社1960年版，第86页）个体人的基本特征在于"自我意识"的具备和基本权利的拥有。个体人的自我意识主要表现在独立的自我选择意识和自我的责任能力，个体人的基本权利则表现在平等的公民权等多个方面。自然，每一个社会成员对于社会也是有义务的，只不过这种义务与权利应当是对称的，而不是单方面的。

社会共同体如国家和集体等等之所以有存在的价值，就在于它能够对每一个社会成员的平等权利和合理利益提供必要的保护，即：尊重与保障每一个社会成员的基本权利。否则，社会共同体便没有了意义，其存在的正当性理由便会受到损害。显然，如果没有这一条的话，那么，以人为本的理念就难以同形形色色的平均主义真正地区分开来。历史的经验证明，正是在这样一个问题上，常常容易出现有害的情形。

如果一个社会只是笼统地讲以社会整体为本，而只是将个体人公正对待问题作为顺带的、次要的、附属的事情，那么，这样的以人为本只能是一种"抽象的"、表面意义上的以人为本，有违以人为本的初衷，因而不可能具有实际的意义。中国改革开放以前30年的情形就很能说明问题。在那个"以阶级斗争为纲"的时代，由于对个体人意义的忽视，由于对社会成员的平等公民权（自然人基本权利）的漠视，由于强调每个社会成员都具有较强的对于阶级的人身依附性，从而使每一个社会成员都分别隶属于不同的阶级。而在高扬阶级意识的年代，阶级与阶级之间又不可能是平等的，所以，在当时的中国社会不可能形成对于全体社会成员、对于每个个体人来说具有普遍的、平等的对待。新中国成立30年间中国一直没能够制定出同每个社会成员息息相关完整的《民法典》（民法体系），便是明证。既然如此，那么，社会成员作为公民来说的许多基本权利和基本权益也就不可能得到有效的法律保护，真正意义上的以人为本问题也就无从谈起，同时，社会也就由此而丧失了活力。

更为严重的是，如果只是笼统地强调以社会整体为本而忽略了个体人基本权利的极端重要性，便有可能形成一种极端性的有害导向，即：形成类似于"集体的事再小也是最大的事，个人的事再大也是最小的事""狠斗私字一闪念"的偏执观念。一旦如此，就很容易出现多数人左右一切，随时有可能以国家和集体的名义，或者是以多数人利益的名义来牺牲少数人合理利益的情形。在这方面，法国大革命时期雅各宾派的所作所为以及中国的"文化大革命"都是典型的事例。在一个社会当中，一个人的合理利益如果无故被损害，而且这种损害是经常发生的，那么，就意味着大多数个体人的合理利益都有可能被无故损害，意味着大多数社会成员的未来前景都具有一种不确定性，于是，整体上的以人为本便成为不可能之事。

在现代社会和市场经济条件下，通过平等权利的保护，每一个个体人自主发展的合理空间能够得到保护，其合理利益的边界能够得到确立。这一点，无论是对于社会成员来说，还是对于社会共同体而言，都具有极端重要的意义。

其一，对于每一个作为个体人的社会成员的生存和发展来说，如果社会能够有效地保证其基本的平等权利，那么，就可以将每个社会成员生存底线的确保和个人自由发展空间的保护这两者有效地结合起来。

其二，对于整个社会来说，通过个体人平等权利的保证，可以从一个重要的方面有效地理顺社会的利益结构。通过对每一位社会成员平等的基本权利的保证，有助于做到对每一个社会阶层合理利益的保护，从而理顺社会的整体利益结构，实现整个社会"各尽所能，各得其所"的和谐局面。这样一种情形，无论是对富人还是对贫困者都是有利的，因而能够最大限度地激发整个社会的活力。从一定意义上讲，如果说以绝大多数人为本的发展在不小的程度上能够防止"劫贫济富"现象发生的话，那么，以无数个具有平等权利的个体人为本的发展则能在不小的程度上防止"劫富济贫"现象的发生。

其三，通过个体人平等权利的保证，有助于将绝大多数社会成员利益保证问题的具体落实，而防止在某些特定的条件下绝大多数社会成员的实际利益可能出现的"虚化"情形。

值得特别注意的是,个体人的平等权利有着一定的边界。一旦越过这个边界,便会造成缺乏正当性的、极端化的个人主义行为,便会造成负面的社会效应。就一般情形而言,常常会出现这样两种有害的行为:

一种有害的行为是,损害社会共同体团结的极端化个人主义行为。这是一种损害社会共同体和个体人之间合理关系的有害行为。极端化的个人主义只是单方面地强调个体人的权利,强调个体人凌驾于社会共同体之上,却轻视个体人对于社会共同体所负有的义务和责任;强调社会共同体对自身所提供的种种保护和便利,却轻视社会公共利益,忽视自己对社会共同体所必须做的贡献。极端化的个人主义一旦成为一种在某种范围流行的现象,那么,便会不可避免地损害社会成员对于社会共同体的认同感和归属感,降低社会共同体的社会整合和社会团结的程度,削弱社会的活力,从而对社会的安全运行和健康发展造成十分有害的负面影响。极端化的个人主义行为流行的范围越大,其负面效应也就越严重。

另一种有害的行为是,损害他人利益的极端化个人主义行为。这是一种损害社会成员之间合理关系的有害行为。由于资源的稀缺性以及每个人活动空间的有限性等原因,每个社会成员的自由实际上是有一定边界的。问题在于,极端的个人主义者只是按照自己的意愿、自己的利益冲动去行事,这就不可避免地会损害他人的自由和平等、侵占他人的合理利益。

由此可见,在强调以个体人为本、重视保护个体人平等权利的同时,还必须注意防止极端化的个人主义现象的出现,否则便会有悖于以人为本的初衷。

具体到中国社会经济的健康来说,以人为本的三层含义有着至关重要的现实意义。以人为本的第一层含义有助于解决盲目追求

GDP 的片面发展问题；以人为本的第二层含义有助于多数人分享到社会经济发展成果的问题；以人为本的第三层含义则有助于防止平均主义抬头以及公权不恰当扩张等诸多不利的情形。

　　近年来，中国在以人为本方面取得了重大进展，但在不少方面仍需要作进一步的努力。其大致状况是：现在，第一层面上的问题即发展应当以人为本而不是以经济为本的问题已经开始得到明显重视，就整体而言正处在予以系统解决的状态；第二层面上的问题即发展应当是以大多数人为本的发展问题开始受到重视，进展明显；但第三层面上的问题即发展应当是以无数个个体人为本的发展问题，只是处在刚刚开始引起关注的阶段，尚有较大的努力空间。

五十一、社会公正是全体人民意愿的
最大公约数

经过 30 多年的改革开放，中国的发展取得了举世公认的巨大成就。这种巨大成就在人类历史上是罕见的。同时我们还必须看到，改革已进入深水区，中国面临着大量的前所未有的新问题新挑战：经济出现了大量新常态现象，社会阶层结构发生了深刻变化，各种利益诉求呈现出多样化复杂化的情状，各种观点迥异的思潮纷纷出现，社会焦虑现象弥漫着整个社会，由此引发的各种各样的社会矛盾冲突日益凸显，并对中国社会的安全运行和健康发展形成了越来越大的压力。

社会矛盾之所以日益凸显，其中的一个重要原因在于，全体人民亦即社会各个群体意愿的最大公约数尚未真正形成，整个社会普遍接受的社会共识没有达成，致使社会内部出现一些离心的因素。在这样的背景下，积极寻求并形成全体人民意愿的最大公约数，以此形成社会共识，凝聚全体人民，实现改革发展新的重大突破，是中国社会的一项重大历史性任务。

全体人民意愿的最大公约数，是指全体人民共同意愿的基准线，是指社会各个群体都能够接受认同的不同群体利益诉求和行为取向的边界底线。

毫无疑问，在现代社会和市场经济条件下，社会公正（公平正义）是全体人民意愿的最大公约数。我们知道，民众普遍最在意最关注的大事情，无非是其基本生活、社会交往以及相应的制度保障的具体状况。而社会公正作为现代社会当中最为重要的基本价值理念，其中所含蕴的基本精神，恰恰能够从这样几个最为重要的关键部位，顺应并满足全体人民的意愿，成为全体人民意愿的最大公约数。

第一，社会成员的基本生活目标与社会公正的基本价值取向两者高度契合。

对每一个社会成员来说，其主要生活目标无非有两个，一是好好生活，二是自由的生活和发展。而社会公正的基本价值取向与之呈现出一种高度契合的情状。

社会公正有两个相辅相成的基本价值取向。第一个基本价值取向是，要让全体人民共享社会发展成果。其主要功能在于"保底"，确保并不断提升全体社会成员生存、发展及尊严的底线，以此最大限度地消除社会成员之间的隔离因素，增进社会团结和社会整合，使发展成为全体人民的共同事业。第二个基本价值取向是，要为每一个社会成员的自由发展提供充分的空间。其主要功能在于"不限高"，为每一个社会成员的自由发展提供充分的空间，充分激发整个社会的创造活力。社会公正的这两项基本价值取向缺一不可。缺少其中的任何一项，就会走向不公正。

社会成员基本生活目标与社会公正基本价值取向这样一种高度契合的状况，使得全体人民能够普遍接受认同社会公正，尽管不同的社会群体在接受认同的侧重点上有些差别。

第二，社会各个群体只有基于社会公正方能实现良性互动的局面。

社会共同体是由不同的群体所构成的。随着现代化和市场经济进程的推进，专业化职业化分工越来越复杂化，社会的各种行业、各种职业日益增多，同时，社会各个群体之间越来越具有一种高度的依赖性和合作性。任何一个群体要想生存和发展，就必须进行社会合作和社会交往。

以往比较容易出现的一种现象是，位置较高的群体会利用种种资源优势，造成一种使位置较低的群体利益受损而使自己获益的局面。一旦如此，那么对于合作的另一方亦即位置较低的群体来说是十分不公的，必定会使之产生诸如不满、抵触甚至是反抗的情形，以致造成社会各个群体之间的恶性互动。恶性互动所带来的，不仅是较低位置群体的利益损失，而且还会造成位置较高群体的不安全。

时至今日，丛林法则的弊端已经充分显露。人们普遍期望的是，社会各个群体能够通过合作取得一种共赢的局面，而这恰恰是社会公正的要义所在。社会公正强调：处在较高位置群体的利益增进不能以损伤处在较低位置群体的利益为必要的前提条件；相反，在较高位置群体的利益增进的同时，较低位置群体的处境应当随之得到改善。唯有如此，社会各个群体之间方能形成良性互动，各个群体方能得到有所差别的并且是恰如其分的回报，各个群体方能实现互惠互利的良性互动局面。

第三，法律制度的保证只有基于社会公正方能实现。

在现代社会和市场经济条件下，民众普遍希望能够在一种可预期的、稳定的社会生活环境中生活和发展。这样一种社会生活环境需要法律制度予以保证，是法治社会。而良好的法律制度离不开社会公正，良好的法律制度与社会公正基本理念是"表"与"里"的关系。

现代法律制度的形成离不开社会公正。并非所有的法律都是"良法"，法律有"良法"与"恶法"之分。民众普遍认同的显然是良法，而良法的理念依据只能是社会公正。只有基于社会公正的两个基本价值取向亦即社会成员共享社会发展成果和为每个人的自由发展提供充分空间的基础所制定的法律制度，才会成为被全体人民普遍认同和遵守的良法。否则，便有可能是"恶法"，而不被民众所认同。

现代法律制度的实施也离不开社会公正。一个社会，即便有了"良法"，也不见得就一定是真正的法治社会。即便是良法，也存在着一个能否予以有效实施的问题，存在着一个法律是否被某些群体左右的问题。这就需要站在社会公正的基本立足点上解决法律的有效实施问题。就社会公正的基本立足点而言，应当是法律面前人人平等，任何人任何群体都不能跃居法律之上。国家对于社会各个群体的基本态度应当是，以维护每一个社会成员的合理利益为基本出发点，不管这个人是穷人还是富人、是少数人群体成员还是多数人群体成员，只要属于基本权利范围内的事情，都应当得到一视同仁的保护，而不能厚此薄彼。

由上可见，既然社会公正与民众最在意最关注的事情息息相关，既然社会各个群体都能够从社会公正那里找到适合于自己的位置，既然全体人民都能够认同接受社会公正，那么，不难得出如是判断：社会公正是全体人民意愿的最大公约数。

明确地将社会公正（公平正义）作为全体人民意愿的最大公约数，对于中国的发展全局具有极为重大的意义。

首先，能够占据道义的制高点（高地）。社会公正是现代社会最高层面的价值观。高扬社会公正的旗帜，就会对全体人民产生巨大的号召力。

其次，能够形成广泛而有生命力的社会共识。在中国转型期，发展不平衡，人们利益诉求及价值观呈现多样化情状，社会矛盾纠纷日益凸显。在这样的背景下，社会共识的形成至关重要。社会公正恰恰是社会共识的基本依据。由于社会公正是全体人民意愿的最大公约数，这就能够为社会共识提供最为广泛的基础；而社会公正本身所具有的现代性，则能够为社会共识提供巨大的生长空间，使之具有生命力。所以，只有基于社会公正，方能形成广泛而有生命力的社会共识，进而形成有效的社会整合和社会团结。

再次，能够超越并矫正极端化平等和极端化自由的观念。从世界范围看，受种种因素的影响，几乎在所有国家和地区的现代化进程中，各式各样的极端"平等"和极端"自由"的思潮几乎不可避免地都会出现，并引发其他形形色色的思潮和行为，对所在国家和地区带来十分复杂的影响。严重者，会使所在国家和地区的现代化变形走样。本来，平等和自由都是现代社会当中重要的价值理念，但侧重点有所不同。平等侧重于人的种属尊严的保护，自由则是侧重人的差异性的维护，两者缺一不可。如果只是强调平等而忽略了自由，那就会流于绝对平均主义、民粹主义，使社会丧失活力和创造力。相反，如果只是强调自由而忽略了平等，那么，便会走入丛林法则、弱肉强食的境地，使社会丧失基本的团结和整合，陷入持续的纷争和冲突。显然，平等需要合理的限制，自由也需要合理的限制，而这种合理限制只能来自公正。公正是将平等和自由各自合理精神融为一体的价值理念。从这个意义上看，有"过度"的平等，也有"过度"的自由，但是，没有"过度"的公正。所以，只有依据社会公正的理念，方能够防止和矫正极端平等理念和极端自由理念对社会所造成的负面效应。同理，对中国来说，依据社会公正的理念，还可有效防止和矫正延续已久的极左和极右的观念。

责任编辑:宫　共

封面设计:蔡立国

图书在版编目(CIP)数据

社会公正何以可能/吴忠民 著. —北京:人民出版社,2017.9

ISBN 978-7-01-018025-0

Ⅰ.①社… Ⅱ.①吴… Ⅲ.①社会发展-公正-研究-中国 Ⅳ.①D081

中国版本图书馆 CIP 数据核字(2017)第 191589 号

社会公正何以可能

SHEHUI GONGZHENG HEYI KENENG

吴忠民　著

人民出版社 出版发行

(100706　北京市东城区隆福寺街 99 号)

北京墨阁印刷有限公司印刷　新华书店经销

2017 年 9 月第 1 版　2017 年 9 月北京第 1 次印刷

开本:710 毫米×1000 毫米 1/16　印张:15.75　字数:205 千字

ISBN 978-7-01-018025-0　定价:42.00 元

邮购地址 100706　北京市东城区隆福寺街 99 号

人民东方图书销售中心　电话 (010)65250042　65289539